물건이 아니다

물건이 아니다

동물과 사람이 다르다는 당신에게

박주연 지음

글항아리

일러두기

판결문을 그대로 인용한 경우에는 어문 규정에 맞지 않더라도 그대로 적었다.

어느 평범한 변호사가 동물의 생명을 존중하자는 별날 것 없는, 당연한 이야기를 하고 다녔을 뿐인데 그것이 마치 특별한 것처럼 여겨져 방송 출연과 강연 제안을 받고 이렇게 책까지 쓰게 됐다.

사사로운 이익을 바라지 않고 동물의 더 나은 삶을 위해 노력하는 이가 많은 가운데 내가 '동물권 변호사'로 불리는 것이 민망하지만, 이번 기회를 통해 지난 10여 년간 동물권 관련 일을 하며 얻은 경험, 생각과 고민들을 조금은 편안하게 풀어놓기로 했다.

이 책이 동물권에 원래 관심 있던 독자뿐 아니라 이를 잘 알지 못했던 독자의 공감을 살 수 있다면, 내 고민과 생각이 누군가에게 자극이 되고 동물의 삶과 권리가 조금이라도 더 조명받는 계기가 될 수 있다면 무척 행복할 것이다.

아직 우리 사회는 당연한 권리를 당연하게 인정하는 데 인색한 듯하다. 동물의 권리를 존중하자는 주장은 '동물을 마음껏 착취할 인간의 권리'에 대한 도전으로 여겨지며, 동물의 생명권은 인간의 유희보다 후순위에 놓인다. 동물은 그 자체로 목적이 되지 못하고 인간을 위한 수단으로 취급된다. 아울러 동물권을 둘러싼 여러 사회적 이슈(개 식용, 물림 사고에 따른 안락사, 길고양이 돌봄 등)는 동물을 좋아하는 사람과 그렇지 않은 사람 간의 갈등으로 치부되어버린다.

나는 『동물 해방』을 쓴 피터 싱어의 말처럼 동물에 대한 학대를 방지하려고 노력하는 일이 "오직 동물을 사랑하는 사람들만을 위한" 일은 아니라는 것을 강조하고 싶다. 동물의 권리를 존중하고 보호하자는 주장은 이 땅에서 생명으로서 발붙이고 살아가는 존재, 그중에서도 스스로 목소리를 내기 힘든 약자를 존중하고 배려하자는 주장과 같다. 나와 다른 존재가 느끼는 고통에 공감하고 그들의 삶을 존중하는 일은 종·성별·국적·사회적 지위의 높고 낮음과 관계없이 모든 생명의 공존을 위한 시대적 사명이 되었다.

왜 나는 동물권 변호사가 되었나

어린 시절, 누군가 장래 희망을 물어오면 나는 "변호사!"라고 답했다. 공부를 뛰어나게 잘했다거나 특별한 사명감이 있던 건 아니었고, 드라마에서 본 변호사가 '사람들을 돕는 정의로운 인물' 같아 보였기 때문이다. 사법연수원에 들어간 뒤에도 내가 동물을 위해 일하게 될 줄은 몰랐다. 당시만 해도 동물권 변호사가 드물었을 뿐만 아니라 나 역시 동물을 좋아만 했지 동물의 삶이나 권리로까지 관심의 영역을 확장하진 못했다.

연수원 수료를 몇 달 앞둔 2011년의 어느 날, 나는 한 동물권 단체가 발간한 잡지 속 사진을 우연히 보게 되었다. 사람들이 살아 있는 새끼 돼지의 네발을 사방에서 잡아당기는 장면이었다. 말로 형용할 수 없는 고통으로 일그러진 새끼 돼지는 사지가 비현실적으로 길게 늘어진 채 피와 내장을 쏟고 있었다(그 얼굴은 지금까지도 잊히지 않는다). 이는 실제 2007년 경기도 이천에서 발생한 사건으로, 군부대 이전 반대 집회를 연 참가자들이 시위의 수단으로 돼지를 능지처참한 것이었다.

돼지는 얼마나 두렵고 고통스러웠을까. 나는 내가 인간이라는 사실에서 오는 죄책감과 면목 없음에 목 놓아 울었다. 목적 달성을 위해서라면 한 생명을 무자비하게 짓밟는 것쯤은 감행하는 인간의 잔혹함에 몸서리쳤다. 인간에게 동물을 이용할 권리가 있는가? 저 동물은 대체 왜 저곳에 끌려가 죽임을 당해야 하는가? 생명이 이토록 하찮게 취급되는 세상에서 인간은, 인간의 자식들은 앞으로 어떤 시각과 태도로 다른 생명을 대해야 하는가? 그러한 도살은 물론 위법이었지만, 법으로 잘잘못을 따지기 전에 더 근본적인 물음을 던져보고 싶었다.

그 후로 나는 변호사로서 내가 동물을 위해 할 수 있는 일을 하겠다고 결심했다. 밤 11시쯤 퇴근하고 근처에 있는 동료 변호사 사무실로 넘어가 함께 동물보호법을 살피며 법의 미비점들에 대해 논의했다. 동물 보호 단체가 필요로 하는 법률 자문을 제공했고, 비글이 에쿠스 트렁크에 묶인 채 끌려가다 도로에서 죽은 일명 '악마 에쿠스' 사건의 미진한 수사를 규탄하며 재수사를 촉구하는 기자회견을 난생처음 열기도 했다. 그렇게 2012년부터 조금씩 동물권 활동을 하다 2017년 동물권 변호사 단체를 만들었고, 지금까지 동료들과 활동을 이어오고 있다.

처음 활동을 시작했던 2012년에 비해 지금은 동물권에 대한 사람들의 관심이 늘었고, 그에 따라 동물복지에 대한 인식도 차츰 확산되고 있다. 그럼에도 동물을 둘러싼 폭력적인 현실을 반전시키기까지는 아직 갈 길이 멀다.

돼지를 능지처참하던 인간의 잔혹함, 타자의 고통에 공감하지 못하는 무감함은 여전히 다양한 방식으로 표출되고 있다. 동물들은 농장, 도살장, 실험실, 전시 공간, 시위 현장, 보호소는 물론 집과 길거리에서 인간에 의해 끔찍한 폭력을 당하고 있다. 피해 대상이 동물이라는 이유로 수사기관과 사법부는 가해자에게 그 어떤 사건보다 관대한 판결을 내린다. 동물권 개선을 위한 법 개정안은 가까스로 발의된다고 하더라도 다른 법안들에 밀려 번번이 계류 및 폐기된다. 이전보다는 나아졌다 해도 '인간은 동물의 생명과 권리를 존중해야 하고, 이는 인간사회를 위해서라도 꼭 이행해야 하는 것'이라는 당연한 사실에 대한 사회적 공감대는 여전히 부족하다.

동물권을 수호하는 일은 약자성과 소수자성에 공감하는 일이다. 나는 동물을 사랑하면서 인간을 더욱 사랑하게 되었다. 모두가 단시간 내에 동물권 관련 인식의 전환을 이룰 수 있으리라고 생각하지 않는다. 단단히 뿌리박힌 관습을 뒤집어보자는 구호에 모두가 응답할 수 없다는 걸 잘 알기 때문이다. 하지만 나는 어떤 사안에 대해 모두가 동시에 뜨거워질 순 없더라도 다수의 사람이 따뜻해질 필요는 있다고 생각한다. 그래야 동물권 개선을 요구하는 목소리에 더욱 힘이 실릴 것이며, 그래야 여러모로 더욱 살 만한 사회가 될 것이기 때문이다. 나 역시 그렇게 천천히 데워진 사람이기에, 그 부단함의 힘을 믿는다.

다수의 사람이 따뜻해지도록 노력하는 일은 분명 의미 있다. 나를 둘러싼 상황이 이전과는 많이 달라졌지만, 늦은 밤까지 동물보호법을 들여다보던 10년 전의 설렘과 납득할 수 없는 판결 혹은 동물학대 사건을 마주했을 때의 분노를 동력 삼아 앞으로도 변호사로서, 또 자연인으로서 할 수 있는 일들을 해나갈 것이다. 동물이 행복한 곳에서는 사람도 행복할 수 있기에, 어찌 보면 나는 어릴 적 꿈을 이루는 셈이다.

출간 제의를 받았을 때의 기쁨은 잠시, 곧 책 한 권을 써내야 한다는 부담과 글쓰기의 고통에 시달려야 했다. 하지만 그 과정은 그간의 경험과 생각들을 차근히 정리해보고 앞으로의 활동을 위한 원동력을 얻을 수 있는 시간이기도 했다. 이런 소중한 기회를 선물하고 항상 따뜻한 말로 독려해준 박지호 편집자에게 깊은 감사를 드린다. 또, 가계 수입에 흑자보다는 적자로 기여하는 아내의 활동을 늘 응원해주고 퇴고에도 큰 도움을 준 남편에게도 감사와 사랑의 마음을 전한다.

2023년 4월

박주연

1부

당신이
몰랐을
동물법

벌, 제대로 받고 있습니까?

동물 학대 사건에 대한 우리 법원의 처벌은 매우 관대한 편이다. 이웃집 진돗개가 짖는다며 나무 몽둥이로 그를 수차례 때려죽인 행위에 벌금 30만 원이 선고되었고,[1] 자신의 암컷 강아지를 찾아온 다른 사람의 수컷 강아지가 돌아가지 않는다는 이유로 수컷을 4층 건물 옥상에서 집어던져 죽게 한 행위에는 벌금 150만 원이 선고되었다.[2] 새끼 고양이 3마리를 검정 비닐봉지에 넣은 뒤 울음소리가 나지 않을 때까지 내려쳐 죽인 사람에게는 고작 벌금 200만 원이 선고되었다.[3]

법무부와 법원이 집계한 지난 5년간(2017~2022년 3월)의 통계에 따르면, 동물 학대 사건 대부분이 기소조차 되지 않거나(46.6퍼센트), 약식절차*로 처리되었으며(32.5퍼센트), 2.9퍼센트만이 공판절차로 넘겨졌다. 공판절차에서도 56.9퍼센트(246명 중 140명)가 벌금형을 받는 데 그쳤으며, 징역형 등 자유형을 선고받은 사람은 45명,

---

* 상대적으로 가벼운 범죄에 대해 정식 형사재판(공판)을 열지 않고 서면심리로만 벌금이나 과료를 부과하는 간이한 형사재판 절차.

그중 실형을 선고받은 사람은 단 12명이었다.

이는 외국의 사례와 크게 비교된다. 미국에서는 강아지를 2층 건물 밖으로 던져 상해를 입힌 자에게 징역 3년형이,[4] 애인의 강아지를 때려 죽인 자에게는 징역 2년형이 내려졌으며,[5] 호주 법원은 자신의 강아지를 방치, 학대한 사람에게 징역 3개월 및 10년간 동물 소유 금지를 명했다.[6] 영국(잉글랜드와 웨일스)은 동물 학대 범죄를 최대 5년의 징역형으로 처벌하며,[7] 특히 법원이 양형 기준을 마련해 양형의 가중 요소(피해 동물 수가 많은 경우, 소셜미디어에 학대 사진이 공유된 경우, 아동이 있는 자리에서 범행이 이루어진 경우 등)를 참작해 철저하면서도 일관성 있는 판결을 내리고 있다.[8] 한편, 프랑스 형법은 동물 학대죄를 '인간의 장기에 관한 범죄' '인간의 배아에 관한 범죄'와 같은 범주로 분류할 만큼 엄중하게 본다.[9] 이처럼 많은 나라에서 동물 학대 범죄를 중죄로 여기고 징역형 이상으로 처벌하는 이유는 동물의 생명을 인간의 생명만큼이나 중요한 것으로 여기는 동시에 동물 학대가 또 다른 폭력 범죄로 비화할 가능성을 고려하기 때문이다.

우리나라 동물보호법은 동물 학대 범죄를 최대 3년 이하의 징역 또는 3000만 원 이하의 벌금형으로 규정하고 있다. 이는 처벌 강화를 주장하는 목소리가 커짐에 따라 조금씩 상향되어온 결과다(2011년 개정된 동물보호법은 같은 범죄에 대해 1년 이하의 징역 또는 1000만 원 이하의 벌금만을 규정했다). 기존 법의 이 같은 법정형이 독일, 영국 등 다른 동물복지 선진국과 비교했을 때 크게 가볍다고는 할 수 없다. 문제는 법정형의 범위 내에서 각 사건의 중대성에 따라 합리적인 처벌이 이루어져야 하는데도, 동물 학대에 대한 사법기관의 인식이 여전히 과거에 머물러 있는 탓에 많은 학대 범죄자가 법률로 정한 형량보다 가벼운 벌금형을 받고 만다는 데 있다.

그동안 직접 경험하고 느낀 바 역시 수사기관이나 법원이 동물 학대를 결코 심중한 범죄로 여기지 않고 있다는 것이었다. 학대 행위자에게 '동물의 생명을 빼앗은 데 대해 엄하게 처벌하겠다'는 엄정함보다는 '반성한다니 봐주겠다'는 관용을 보이는 경우가 더 많다. 이러한 태도는 동물의 피해를 대변해줄 사람이 없을 때 더 노골적으로 드러난다. 보호자*가 있는 동물이 보호자가 아닌 타인에 의해 피해를 입었다면 보호자가 그 피해를 호소할 수 있다. 반면 보호자가 자신의 동물을 괴롭히거나 아예 보호자가 없는 동물(길고양이 등)이 학대를 당했다면, 법정에는 오직 선처를 바라는 학대 행위자의 목소리만 울려 퍼지게 된다. 동물의 피해 사실이 축소되기 쉬운 이유다. 즉, 동물의 생명과 신체의 온전성을 인간(학대자)의 이익보다 앞서 존중하고 보호해야 할 가치로 보지 않는 것이다.

이러한 인식의 한계 탓에 양형 기준도 마련되지 않고 있다. 양형 기준은 말 그대로 법관이 법정형 가운데 어떤 형을 선고할지를 정할 때 참고하는 기준으로, 대법원 산하 독립 기관인 양형위원회가

---

*   이 책에서는 '주인' '견주' '보호자' 등을 '양육자' '보호자'로 적었다. 종종 혼용될 때에도 이들 단어는 모두 동물에 대한 책임을 갖는 주체를 뜻한다. 이는 주인이라는 단어가 내포하는 주종 관계의 맥락을 지우기 위함이다. 단, 법문에 명시된 소유자, 소유자등과 같은 단어는 그대로 사용했다.

정한다. 살인, 강도, 폭력, 아동 학대 등 범죄에 양형 기준이 존재하는 것과는 달리, 위 범죄와 똑같이 폭력적이고도 가학적인 양상을 보이는 동물 학대에는 아직 그 기준이 확립되지 않았다. 양형위원회는 국민적 관심, 범죄의 중요도 및 발생 빈도 등을 고려해 양형 기준 대상 범죄를 선정하므로, 결국 동물 학대 범죄에 양형 기준이 마련되려면 더 많은 처벌 사례가 쌓이는 동시에, 엄벌의 필요성에 대한 사회적 관심과 공감대가 우선 형성되어야 하는 것이다.

물론 동물 학대에 대한 모든 처벌이 솜방망이 수준에 그치는 것은 아니다. 조금씩 그 심각성에 준하는 판결이 선고되기도 한다. 하지만 그러한 판결은 '동물권 감수성이 뛰어난' 일부 재판부에 의해서만 내려지고 있을 뿐이다. 경의선 숲길에서 다른 사람이 기르는 고양이를 바닥에 내리치고 머리를 밟는 등 잔인하게 살해한 사람은 징역 6개월의 실형을,[10] 다른 사람의 반려견 토순이가 자신을 보고 짖는다는 이유로 머리를 심하게 훼손하여 살해한 사람은 징역 8개월의 실형을 선고받았다.[11] 2022년 9월에는 초등학교 인근 등지에서 길고양이 10여 마리를 잔혹하게 살해하고 사체를 전시한 자에 대해 징역 2년 6개월이라는 동물 학대 범죄 사상 최고 형량이 내려지기도 했다.[12] 반면 비슷한 시기에 다른 재판부는 화가 난다는 이유로 자신의 강아지를 마당에 던져 죽인 자에게 고작 100만 원의 벌금형을 내리는 데 그쳤다.[13]

양형 기준을 확립하는 것만큼이나 중요한 일은 법에 따라 합리적인 처벌을 내리는 것이다. 동물 학대에 대한 처벌은(현재의 법정형을 고려하여) 범죄 억제 효과를 일으킬 만큼 강력해야 하며, 피해 동물의 수, 동물이 입은 고통 등 피해의 정도, 범행의 수법과 동기, 주도성·잔인성·반복성·보복성·계획성 여부, 동종 범죄 전력 유무, 피해 회복 여부 등도 선고에 적극적으로 고려되어야 한다.

쇠꼬챙이는 '충분히' 잔인할까

"원심 판결을 파기한다. 사건을 서울고등법원에 환송한다."

판결이 선고되는 순간, 대법원 법정에서 작은 환호성이 터져나왔다. 나 역시 흥분을 주체하지 못한 채 대법관들에게 90도로 인사하고는 법정을 빠져나왔다. 1심과 2심에서 동일하게 유지되던 판결이 대법원에서 뒤집히는 일은 흔치 않다. 그런데 그 흔치 않은 일이 일어난 것이었다!

PNR* 변호사들과 함께 기쁨을 나누며, 나는 밤새워 의견서를 작성했던 지난날을 떠올렸다. 2017년, 1심 법원은 전기가 흐르는 쇠꼬챙이를 개의 입에 대어 감전시키는 방법으로 도살해온 농장주에게 '잔인한 방법'으로 개를 죽인 게 아니라며 무죄를 선고했다.[14] 법령상 전살법電殺法**이 규정되어 있기에 개를 감전시키는 것이 동물

---

*   People for Non-human Rights의 약자로 동물권 연구, 소송, 동물법 개정 제안 등의 활동을 하는 변호사들의 프로보노(공익 활동) 단체다. 현재 열네 명의 변호사와 한 명의 생태학자가 함께하고 있다. 저자 역시 현재 이 단체에서 활동 중이다.

**   300~500볼트의 전류로 동물을 기절시키는 방법. 도살되는 동물의 고통을

보호법이 금지하는 '잔인한 방법'에 해당되지 않으며, 개가 식용으로 사용되고 있기에 죄가 아니라는 것이었다. 해당 판결이 담긴 기사를 우연히 접한 나는 분노했다. 예전에 쇠꼬챙이로 개를 감전시키는 영상을 본 적이 있는데, 영상 속 개는 전기 충격을 받고 쓰러져 뒷다리를 떨고 있었다. 농장주는 개가 완전히 기절했는지 확인도 하지 않고 곧바로 토치로 털을 태웠다. 이러한 행위가 잔인하지 않다는 판결, 그리고 어차피 먹힐 개니까 죄가 아니라는 판결은 법리적으로 결코 옳지 않았다.

누구도 요청하지 않았지만 나는 이 사건에 참여하고 싶었다. 사건과 관계없는 제삼자도 법원에 탄원서와 같은 서면을 낼 수 있다. 더구나 PNR은 변호사 단체가 아니던가. 그렇게 우리는 2심 법원에 의견서를 제출하기 시작했다. 그러나 이러한 노력에도 불구하고 2심 법원 역시 1심과 비슷한 이유로 농장주에게 무죄를 선고했다.[15] 검사의 상고로 사건은 대법원으로 가게 되었다. 나는 이때 더는 밀릴 수 없다는 각오로 의견서를 제출했는데, 그때 쓴 40쪽가량의 의견서가 내 변호사 경력 10년여의 세월을 통틀어 가장 열심히 쓴 문서라고 자부한다.

우리는 법령에 규정된 전살법과 이 사건에서의 전살법이 비록

최소화하기 위해 도입되었으며 기존 동물보호법 시행규칙 제6조와 동물도축세부규정에 명시되어 있다. 전살법은 돼지, 닭, 오리를 기절시키는 목적으로만 사용될 수 있으며, 동물이 완전히 기절한 직후 방혈放血을 시행해 의식이 없는 상태에서 죽음에 이르도록 해야 한다.

같은 통전 행위라 할지라도 그 방법, 동물의 종류별 특성, 죽음에 이르게 한 시간, 유발시킨 고통의 정도 등은 모두 다르다는 점, 행위의 잔인성은 식용 여부가 아닌 해당 동물에게 얼마만큼의 고통을 얼마나 오래 가했는지로 판단해야 한다는 점, 일반적으로 전류를 흘려보내 감전시키는 방법은 개에게 큰 고통을 야기하는 잔인한 방법에 해당되며, 이는 동물 보호를 위한 국제 협약 제10조 제2항[16]이 금지하는 '즉각적으로 무의식에 빠뜨리지 않는 감전사'에 해당된다는 점 등을 강조했다.

결국 대법원은 원심을 파기하고 서울고등법원에서 해당 사건을 다시 판단하라는 판결을 내렸다. 당시 판결 이유를 요약하면 다음과 같다.

> 1. 동물보호법이 금지하는 '잔인한 방법'은 동물의 생명 존중 등 국민 정서상 미치는 영향, 동물별 특성, 그 방법이 야기하는 고통의 정도와 지속 시간, 대상 동물에 대한 그 시대, 사회의 인식 등을 모두 고려하여 판단해야 한다.
> 2. 같은 도살 방법이라도 그 과정에서의 고통 정도, 지속 시간은 동물에 따라 다르며, 전살법이 법령에 규정되어 있다거나 동일하게 전류를 이용하여 도살한다고 하여 그 방법이 다른 동물에게도 적합한 도살 방법이라고 볼 수 없다.*

---

* 실제로 동물종에 따라 허용되는 기절법은 다르다. 동물도축세부규정에 따르면, 소에게는 '눈의 바깥쪽 부위와 반대 방향의 뿔 사이의 교차점을 수직

3. 원심은 위 사항 및 도살 도구의 전류 크기, 개가 감전 후 죽는 데 소요되는 시간, 개에게 나타난 체내외 증상 등을 심리하지 않았으므로 위법하다.[17]

파기환송 후 이어진 심리에서는 개에게 통전된 전류의 크기, 전압, 기절한 개에게서 나타난 체내외 증상 등을 두고 치열한 법적 공방이 오갔다. 이 같은 지표들이 개가 느꼈을 고통의 정도와 지속 시간을 간접적으로 증명해주기 때문이었다. PNR의 서국화 변호사와 동물권 단체 카라는 검찰 측의 전문가 증인 및 유사한 범행 도구 확보를 도왔다. 방청석에서는 매번 동물권 단체와 대한육견협회 사람들이 대치했다. 길고도 조마조마한 싸움이었다.

결국 서울고등법원은 대법원 판결의 취지에 따라, 농장주에 대해 동물보호법 위반의 유죄를 선고했다. 다만 피고인의 여러 사정을 참작하여 벌금 100만 원의 선고는 유예했다.[18] 판결문을 보니 내가 의견서에 썼던 '동물의 보호를 위한 국제 협약' 조항 내용이 그대로 인용되어 있었다. 이는 미국 동물권 변호사 단체에 메일을 보내 얻은

방향으로 타격하는 방법(타격법)'을, 돼지에게는 '눈 바로 위의 중앙 부위를 척수 방향으로 타격하는 방법(타격법)'이나 '최소 1.25암페어 이상의 전류로 뇌 부위를 2~4초간 통전시키는 방법(전살법)' '서로 겹치지 않도록 챔버 chamber 내 적정 공간을 확보한 뒤 80~90퍼센트 농도의 이산화탄소에 3분간 노출시키는 방법(가스법)'을, 닭과 오리에게는 '전기 수조에 입수시키되, 60헤르츠 사인파 교류전류 이용 시 전압에 관계없이 최소 100밀리암페어(오리의 경우 130밀리암페어)의 전류로 4초 이상 통전시키는 방법(전살법)'을 사용해야 한다.

답변을 토대로 내가 조사한 바를 더해 쓴 것이었는데, 판결문에서 유의미하게 다뤄진 것을 보니 밤새워 고민한 시간이 결코 헛되지 않았음을 느낄 수 있었다. 이 판결이 내게 직업인으로서의 효능감을 일깨워준, 의미 있는 판결로 남은 이유다.

이 사건을 위해 PNR 외에도 여러 단체가 의견서를 제출했고, 피고인은 항소와 상고를 거듭하여 총 다섯 번의 재판을 받았다. 거의 모든 판결이 기사화될 만큼 사건은 세간의 뜨거운 관심을 받았고, 원심을 파기환송한 대법원 판결문은 대법원 '중요 판결'로 게시되었다. 아마 동물 관련 소송 중 법리적으로 가장 치열하게 다뤄진 사건일 것이다.

'개를 감전시켜 죽이는 것은 잔인한 도살법'이라는 당연한 상식이 유죄로 인정받기까지 3년이 걸렸다. 나는 개 농장에서 자행되는 전기 도살이 위법이라는 판결을 받음으로써, 앞으로 식용을 목적으로 한 개 도살이 줄어들지 않을까 하는 기대감을 품기도 했다. 그러나 현실의 벽은 높았다. 판결 이후에도 동일한 방법을 사용하는 도살은 계속되고 있다. 나는 적극적인 신고와 단속이 이뤄지지 않는 한, 개 식용을 금지하는 법이 도입되지 않는 한, 궁극적으로는 개를 먹는 '문화'가 사라지지 않는 한 이처럼 명백하게 잔인한 방법으로 죽임을 당하는 개는 사라지지 않을 거라는 뼈아픈 현실을 분명히 깨달았다.

이겼다고 생각했는데 변한 것은 없었다. 나는 뿌듯했던 것만큼 허무했고, 심지어 무엇을 위해 그렇게 노력했나 하는 회의감마저 들었다. 그렇지만 곧 이렇게 마음을 다잡기로 했다. 무언가가, 특히나 행동 양식과 인식이 한순간에 변하기란 원래 불가능에 가까운 일이라고, 그렇기에 내가 했던 일이 아주 무의미한 건 아니라고 말이다. 당장의 실제적 변화는 없어도 이 판결은 개 도살 방법의 잔인성을 입증하는 근거로, 또 추후 입법에 영향을 주는 중요한 사례로 활용될 수 있다. 해당 사건 이후로 얻은 결론은 이 한 줄이다. "내가 할 수 있는 일들을 묵묵히 하자. 단, 지치지 말고."

동물이 소송의 주체가 되는 미래: 설악산 산양 소송 사건

설악산에는 산양이 산다. 이들은 국제적 멸종위기종이자 천연기념물로, 특히 '북부 소개체군'*은 인적 드문 내설악 황철봉 부근에 소수로 모여 살고 있다. 그곳은 하늘다람쥐, 삵, 담비, 수달 등 다른 멸종위기 야생동물도 함께 살아가는, 생태 보전 가치가 무척 높은 곳이다. 양양군수는 바로 그곳에 오색 케이블카를 설치하겠다는 계획을 발표했다.

이에 대해 문화재청의 자문 기구인 문화재위원회는 이미 인근에 권금성 케이블카가 존재하는 데다 새로운 케이블카 설치로 인한 환경 피해가 예상된다는 등의 이유로 문화재 현상변경(설악산은 그 자

---

*   설악산, 고성, 양구, 화천 등에 서식하는 북부 소개체군은 삼척, 울진 등 강원 남부와 경북 지역에 서식하는 남부 소개체군과 유전적 구조가 다른 것으로 알려져 있다.

체로 문화재다)을 부결했다. 하지만 문화재청이 이를 조건부 허가했고, 해당 사업안을 여러 차례 부결시킨 환경부도 박근혜 정부 당시 사업이 탄력을 받게 되자 결국 승인 결정을 내렸다. 이에 환경 및 장애인 시민단체와 종교 단체, 일반 시민들이 설악산국립공원 보호를 위한 움직임에 나섰고, 문화재청장과 환경부 장관을 상대로 행정소송을 제기하기도 했다.

2018년 2월, 시민단체가 제기한 행정소송이 한창 진행되던 때, PNR은 산양의 처지에 조금 더 주목했다. 겨우 28~38개체밖에 남지 않은 것으로 추정되는 이 동물은 여느 동물과 달리 행동반경이 1제곱킬로미터 내외로 유독 좁다. 만약 산양의 서식지 인근에서 케이블카 신축 공사가 진행된다면 소음과 진동, 서식지 변경 등의 대대적인 변화가 그들의 생태에 악영향을 줄 게 뻔했고, 그렇게 되면 산양의 멸종 속도가 더욱 가속화될 것이었다.

이렇듯 가장 직접적이고 중대한 피해를 입을 수 있는 상황에서도 법인격이 인정되지 않는 산양은 소송을 제기할 수 없다. 생존권을 위협받는 절체절명의 상황에도 인간이 소송을 제기해주지 않는 한 권리를 보호받을 길이 전혀 없는 것이다. 미국의 법학자 크리스토퍼 스톤은 이 같은 상황을 '공장에 의해 오염되고 있는 호수'를 예로 들어 설명한다.[19] 일반적인 경우 (호수의 권리를 인정하지 않더라도) 인간이 '그 오염으로 인해 자신의 이익이 침해받고 있다'고 증명함으로써 호수의 오염을 막는 효과를 낼 수 있다. 그러나 이때 호수의 이익은 자신의 권리를 주장할 의지가 있는 인간의 권리에 편승하여 부수적으로 보호될 뿐이다. 산양 사건 역시 이와 같았다. 설령 인간이 산양을 대신해 소송을 제기한다 하더라도, 그 근거가 되는 권리가 '살아갈 권리' '서식지를 침해받지 않을 권리'와 같은 동물의 직접적 이익이 아닌 '자연환경을 즐길 권리' '생물 다양성을 연구할 권리'와 같이 인간을 위한 우회된 권리라는 한계는 지속될 수밖에 없었다. 우리는 법의 이 같은 한계가 자연과 동물을 제대로 보호하는 데 제약이 된다고 생각했다. 다시 호수 이야기로 돌아가 보자. 만약 법이 '호수의 이름으로' 후견인이나 대리인을 통해 공장을 상대로 소송을 제기할 수 있도록 한다면, 호수는 인간에 의해서가 아니라 사건의 주체로서, 당사자로서 '고려'될 수 있을 것이다. 이에 PNR은 녹색법률센터 변호사들과 함께 동물이 원고가 되어 '자신들의 고유한 이익'을 주장하는 일명 '설악산 산양 소송'을 진행해보기로 했다. 산양 28개체를 원고로 하고, 당연히 이들이 법정에 출석할 수는 없으므로 이들의 이익을 가장 잘 대변할 수 있는 후견인을 내세웠다.* 또, 동물만 원고로 둘 경우 사건이 너무 빨리 각하**될 것을 우려해 산양 등을 연구하는 생태학자 한 명도 원고에 포함시켰다.

법리 구성을 위해 외국의 판례와 입법례를 참고했다. 대표적으

---

* 　민법은 미성년자 및 질병, 장애, 노령 등의 사유로 스스로 법적 활동을 할 수 없는 사람들이 자신의 이익을 대변하는 후견인을 통해 권리 등을 향유할 수 있도록 하는 '후견인 제도'를 두고 있다. 산양의 이익 대변인으로 무려 26년이 넘는 세월 동안 설악산과 산양 등 야생생물 보호 활동을 해온 설악녹색연합 박그림 대표가 거론되었고, 그도 흔쾌히 소송에 참여하겠다고 해주었다.

** 　법원이 사건의 실질적인 내용을 들여다보지 않고 형식적 요건이 갖추어지지 않았음을 이유로 소송을 종결하는 것.

로 미국에서는 동물에게 소송을 제기할 능력(당사자능력)과 자격(원고 적격)이 있는지, 또 누가 그들을 대변할 수 있는지에 대한 논의가 실제로도 활발히 일어나고 있고, 드물지만 동물이 원고로서 자신의 고유한 권리를 침해당했음을 인정받아 승소한 사례도 있다.* 또 뉴질랜드의 '테 아와 투푸아'법Te Awa Tupua Act 2017은 테 아와 투푸아(왕거누이Wanganui로도 불림)라는 강을 법인격이 있는 존재legal person로 규정하고, 강이 권리와 의무의 주체로서 후견인을 통해 강을 오염시키는 사람 등을 상대로 소송을 제기할 수도 있도록 했다.

국내에선 어땠을까. 동물이 원고가 될 수 있는지에 대해 대법원은 2006년 천성산 도롱뇽 사건[20] 등에서 "동물 등 자연물은 소송상 당사자능력이 없다"고 판단한 바 있다. 동물에게 당사자능력을 인정하는 민법 조항이나 관습법이 없기 때문이다. 그렇다 해도 국내의 특별법(야생생물 보호법)과 국제조약(생물 다양성 협약)을 적극 적용하면 동물에 당사자능력을 부여할 여지가 아예 없다고도 할 수 없었다. 우리는 산양이 서식지를 침해받지 않고 생존할 권리, 특히 법정 보호종으로서 보호받을 법률상 이익을 갖고 있고, 후견인을 통해 자신의 이익과 그에 대한 침해 금지를 요구할 수 있다고 판단했다.

---

* 하와이 빠리야palila새, 바다쇠오리가 환경 단체와 공동 원고로 소를 제기한 사건. 법원은 이들이 "멸종위기종 보호법에 따라 보호를 받는 종으로, 자신의 고유한 권리로 소송을 제기할 원고 적격이 있으며, 그 침해가 중단되어야 한다"고 각각 판단했다[Palila v. Hawaii Dept. of Land and Natural Resources, 471 F. Supp.985(D.Hawaii 1979); Marbled Murrelet v. Babbitt, 83 F.3d 1060(1996)].

과거에는 법적으로 보장되지 않았던 개념(여성, 노동자, 법인의 권리 등)도 많은 이의 의지와 투쟁 덕에 인정된 것처럼, 당사자능력이 인정되는 범위 역시 시대와 사회에 따라 충분히 확대될 수 있다고 믿었기 때문이다.

'도롱뇽 판결'이 내려진 지 12년이 지난 현시점에서, 우리는 국내 법원에서도 인간과 비인간 생물의 공존을 위해 법이 어떻게 해석되고 적용되어야 하는지, 이를 위해 어떤 입법적 요구가 필요한지와 같은 논의가 본격화되기를 바랐다. 이것이 우리가 질 것을 예감하면서도 굳이 '설악산 산양 소송'에 뛰어든 이유였다.

소장 접수 2개월여 후, 서울행정법원의 담당 재판부는 원고 측에 '소송비용 930만 원을 담보로 미리 내라'는 명령을 내렸다. 소송비용은 패소자가 부담하는 것이 원칙이다. 소송이 본격적으로 시작되기도 전에 이 같은 명령을 내린 것은 법원이 원고의 청구에 명백한 이유가 없다고 판단한 것과 다름없었다. 이에 우리는 상당한 금전적, 심리적 부담을 안고 소송에 임해야 했다.

2018년 9월, 서울행정법원에서 첫 변론이 진행됐다. 소송은 설왕설래가 계속되어온 설악산 케이블카 사업과 관련됐다는 점, 이례적으로 동물이 원고라는 점 때문에 세간의 주목을 받았다. 나를 포함한 세 명의 변호사가 원고석에 앉았다. 우리가 하는 말을 기자들이 받아 적는 소리가 생생하게 들렸다. 재판장은 "전향적인 판결을 해보도록 재판부가 고심하겠다"고 했다. 그 말에 우리는 아주 작은 희망을 품었다. 그러나 불길한 예감은 틀리지 않는다고 했던가. 재판부는 그날로 변론을 종결했다. 제대로 된 논의를 시작하지도 못한 채였다. 그리고 2019년 1월 25일, 재판부는 당초의 예상에서 단 한 치의 어긋남도 없이 원고들의 청구를 각하했다.

"설악산에 케이블카가 생기면 가장 많은 피해를 보는 것은 바로 산양입니다. 우리에게는 생존권이 달린 문제입니다."

법원의 선고에 앞선 2018년 11월, 우리는 시민들과 함께한 모의 법정에서 실제 법정에선 제대로 이뤄지지 못한 '자연물의 권리와 당사자능력'에 대한 논의를 자유롭게 펼쳤다. 산양이 단 하루 인간의 언어를 사용할 수 있다는 가정하에, 산양 역할을 맡은 한 연극인이 위와 같은 말로 산양의 심경을 호소했다. 배심원단은 엄숙한 태도로 산양의 주장과 원고 측 변호사, 피고 측 변호사의 주장을 들었다. 모집을 통해 무작위로 선출된 시민 배심원단은 이후 길고 진지한 평의를 거쳐 만장일치로 아래와 같은 취지의 평결을 내렸다. 시민 재판부도 다음과 같은 판결을 내렸다.

산양은 법률상 보호를 받는 종으로, 자신의 권리로 소송을 제기할 능력이 있다. 또한, 산양이 활동 반경이 좁고 서식 환경이 특수하다는 점을 고려할 때 케이블카 공사 진행은 산양의 멸종으로 이어질 수 있고, 이는 다른 어떤 방법으로도 회복되기 어려운 손해다. 사람들이 편하게 경치를 감상하여 얻는 이익보다는 산양의 생존과 종 보전의 이익이 더 중대하다고 볼 수 있고, 따라서 산양의 생존권을 침해하는 케이블카 공사는 중지되어야 한다.

시민들의 의식은 법원보다 한참 앞서 있었다. 어쩌면 시민들은 진작부터 이러한 논의를 할 준비가 되어 있었는데, 사회가 그 기회를 주지 못한 건 아닐까 하는 생각도 들었다. 이 같은 모의 법정 결과를 실제 재판부의 판결로 만나려면 얼마나 더 기다려야 할까? 동물과 자연을 보호해야 한다는 당연한 인식이 사회 전반에 자리 잡지 못한다면 몇십 년 후, 아니 단 몇 년 후에는 '과거 설악산에는 산양이 살았었다'가 될지도 모른다. 비인간 생물이 하나둘씩 멸종되어가는 지구에서 인간은 과연 어떠한 결말을 맞게 될까? 인간과 동물의 장기적인 공존을 위해 법이 어떻게 바뀌어야 하는지 진지하게 고민해봐야 하는 이유다.

독일은 기존 법만으로는 동물 보호를 위한 공익 소송이 거의 불가능하다는 데 문제의식을 갖고, 이를 개선하기 위해 동물의 이익을 대변해줄 시민단체가 공익 소송을 제기할 수 있도록 하는 제도 도입을 논의하고 있다. 프랑스 법원은 유조선 침몰로 심각한 해양 오염이 야기된 일명 에리카호 사건을 두고 개인의 주관적 권리가 아닌, 자연 그 자체나 공동체에 손해가 발생하는 '생태 침해'를 인정함으로써 자연이 스스로 보호받을 수 있는 길을 열어주었다. 시민들의 요구에 따라 '생태 침해'를 2016년 민법에 명시하기도 했다. 미국에서는 1972년 '시에라 환경 단체' 사건* 이후로 자연물의 권리 주체성, 소송 수행 가능성 및 그 요건에 대해 논의가 활발히 이루어졌다.[21]

---

*   대단위 휴양 시설 건립을 위해 국립공원을 가로질러 고속도로를 건설하겠다는 디즈니의 계획이 승인되자, 미 최대 환경 단체인 시에라클럽이 자연경

이번 소송에서 법원은 과거를 답습하는 판결을 벗어나지 못했다. 하지만 이 같은 '별난' 소송이 우리나라에서 '소송 주체로서의 비인간 생명'을 고찰하는 논의의 시발점이 될 수 있기를 바란다. 이후, 오색 케이블카 설치를 저지하기 위해 시민과 시민단체가 제기한 일련의 소송은 모두 패소했다. 환경부(원주지방환경청)는 당초(2019년 9월) 오색 케이블카 사업에 대해 설악산의 자연환경과 생물 다양성에 미칠 악영향을 이유로 '부동의'하였지만, 이를 취소해달라는 양양군의 행정심판 청구가 받아들여진 것이다. 특히 윤석열 정부가 들어선 뒤로 사업 진행은 더욱 탄력을 받았다. 환경부는 2023년 2월 27일 환경영향평가에 대해 최종적으로 '조건부 동의' 결정을 내렸으며, 이로써 오색 케이블카 사업이 확정되었다. 강원도와 양양군은 2023년 연내 착공을 목표로 사업을 추진하고 있다.

동물은 물건이 아니다

동물은 물건이 아니다. 신용카드, 스마트폰, 신발, 칫솔이나 물건이지, 개와 고양이가 물건일 순 없다. 당연하다. 그러나 법적으로 동

관과 야생동물 파괴 등을 이유로 소송을 제기한 사건[Sierra Club v. Morton, 405 U.S. 727(1972)]. 시에라클럽은 결국 패소했지만 "인간 외 동물도 자신들의 이익을 대변할 '소송 후견인'을 통해 소송을 수행할 수 있다"는 당시로선 획기적인 사례를 보여주기도 했다.

물은 유체물有體物, 즉 물건으로 분류되어왔다.* 이는 과거 인류가 만든 법이 동물을 물건과 다르게 취급하는 규정을 따로 두지 않았기 때문인데, 이러한 법의 태도가 우리나라 민법에 그대로 계승되었다. 그러던 중 2023년 4월, 국회는 양당 협의로 동물을 물건으로 정의하는 민법 조항을 우선 개정하겠다고 밝혔다. 2021년 당시 정부가 발의한 후 계류되어 있던 민법 개정안—"동물은 물건이 아니다. 동물에 관하여는 법률에 특별한 규정이 있는 경우를 제외하고는 물건에 관한 규정을 준용한다"**—을 통과시키기로 한 것이다. 양당은 개정 목적에 대해 "동물에 대한 국민의 변화된 인식을 반영하고 동물의 법적 지위를 개선하기 위해서"라고 설명했다. 그렇다면 이 같은 결정이 실제 동물의 위상에 어떠한 변화를 불러올까? 동물을 물건으로 볼 때와 그러지 않을 때, 동물은, 그리고 인간은 세계를 구체적으로 어떻게 다르게 경험하게 될까?

동물이 법적으로 물건일 때

먼저 동물을 물건으로 바라볼 경우, 동물이 피해를 입었을 때 그

---

*   민법 제98조에 따르면 물건은 유체물 및 전기 기타 관리할 수 있는 자연력을 뜻한다.

**   실제로 민법이 개정되면 동물은 물건과 다른 법적 지위를 갖게 되겠으나, 동물을 물건보다 두텁게 보호하기 위한 구체적인 법 규정(예컨대 위자료 지급 조항, 압류금지 조항, 학대자의 소유권을 제한하는 조항 등)은 후속 입법을 통해 별도로 마련돼야 한다. 해당 문장은 이러한 특별 규정이 마련되지 않은 사안에 대해서는 기존과 같이 물건에 관한 규정을 적용하겠다는 뜻이다.

피해에 대한 배상이 매우 한정적으로 이뤄진다. 만일 내 반려동물이 타인의 불법행위(의료 과실, 개 물림 사고, 학대 행위 등)로 인해 상해를 입었다면, 이를 치료하기 위해 반려동물의 교환가치* 이상의 치료비를 들였다 하더라도 법 이론상 최대 그 교환가치까지만 배상받을 수 있다. 위와 같은 사건으로 동물이 죽는다고 할지라도 보호자는 그 정신적 피해에 대한 위자료를 청구할 수 없다. '물건'의 손실에 대한 정신적 손해배상은 인정되지 않기 때문이다.

이러한 법리의 불합리성을 인정한 일부 재판부는 동물을 여타의 물건과 구분하여 그 피해에 대한 위자료를 지급하도록 하는 판결을 내리기도 했다.[22] 이러한 현실에도 불구하고 법이 동물을 물건으로 보는 한, 동물권에 대한 재판부의 감수성 정도에 따라 재판 결과가 달라진다는 불안정성은 사라지지 않는다.

동물보호법은 동물 학대를 처벌하고, 양육자에게 동물을 보호·관리할 책임을 부과하지만, 동물을 (양육자의) 물건으로 보는 관점이 바뀌지 않는 한 양육자의 소유권을 제한하거나 동물 학대 행위를 더욱 적극적으로 처벌하지 못한다. 양육자가 학대 행위로 격리 조치를 받더라도 짧은 격리 기간(3~5일)만 지나면 피해 동물과 다시 만날 수 있는 것이다.

또 재산적 가치와 동물의 생명·신체 보호의 가치가 충돌할 때 재산적 가치가 더 우선시될 수 있다. 자동차에 갇힌 동물을 구하기

---

*   물론 동물의 객관적인 교환가치를 산정할 순 없지만, 법은 구매(분양) 비용이나 비슷한 종, 연령대의 시가를 기준으로 동물의 교환가치를 매긴다.

위해 차창을 깨는 행위가 재물손괴죄로 처벌되는 불합리한 상황이 벌어질 수도 있다. 자동차도 재물, 동물도 재물이기에 둘 사이의 우열이 각 재화가 가진 가치에 따라 판가름날 수 있는 것이다. 한편, 동물을 압류하는 경우도 발생할 수 있다.*

동물이 법적으로 물건과 구분될 때

오스트리아는 1988년 전 세계 최초로 민법에 '동물은 물건이 아니다'라고 선언하면서, 동물에게 물건과 다른 특별한 법적 지위를 부여했다.[23] 독일(1990년)[24]과 스위스(2002년)[25]도 그 뒤를 이어 유사한 조항을 마련했다.

동물을 물건의 지위에서 해방시킨 법의 관점에 따르면, 동물이 다쳤을 경우 보호자는 그 교환가치를 뛰어넘는 치료비를 받을 수 있으며 정신적 피해에 대한 배상도 적극적으로 이뤄질 수 있다. 다만 이는 '동물은 물건이 아니다'라는 선언만으로 달성될 순 없고, 치료비에 대한 특칙이나 위자료 조항을 구체적으로 규정함으로써 더욱 명확하게 실현될 수 있다. 오스트리아,[26] 독일,[27] 스위스[28]도 법에 상해를 입은 동물에 대해 그 가치를 넘어서는 치료비를 배상하도록 하는 특칙을 두었고, 특히 스위스는 양육자의 정신적 손해배상(위자

---

* 민사집행법은 '압류가 금지되는 물건'에 원칙적으로 동물을 포함하고 있지 않다. 다만, 매우 좁은 범위의 동물(주로 자기 노동력으로 농·어업을 하는 자에게 없어서는 안 될 가축 및 새끼 고기)에 대해서만 예외적으로 압류를 금지한다(민사집행법 제195조 제4, 5호).

료) 관련 사항을 자세히 규정하고 있다.[29]

물건이란 정의로부터 자유로워진 동물 역시 생명체로서 자신이 누릴 권리를 더욱 적극적으로 보장받게 된다. 그들은 양육자의 소유물을 넘어 독립적인 개체로서 법적 보호, 법적 고려의 대상이 된다. 양육자가 그들을 돌볼 책임이 더 막중해지고, 그 책임을 다하지 않은 양육자의 소유권이 제한될 정당성은 더 커진다. 같은 선상에서 독일은 민법 개정과 함께 동물보호법도 개정하여, 동물 학대 행위자가 잠정적으로 동물 보유나 관련 영업 행위를 하지 못하도록 하는 내용을 규정했다(제20조a). 아울러 동물에 상해를 입히는 행위의 불법성은 더욱 분명해지며, 이에 따라 처벌도 자연히 강화된다. 만일 재산적 가치와 동물의 생명·신체에 대한 보호 가치가 충돌한다면, 법관은 '동물은 물건이 아니다'라는 선언에 근거하여 후자를 우선시하는 판단을 내리기가 더 용이해질 것이다. 추가적인 입법을 통해 동물에 대한 압류도 금지할 수 있다.* 판결의 근본적인 변화를 이끌어내기 위해서는 법문화法文化가 무엇보다 중요한 이유다.

테드TED에서 미국의 동물권 변호사 단체 NRP를 이끄는 스티븐 와이즈가 강연한 적이 있다. 그는 침팬지 사진 한 장과 연필 한 자루를 보여주며 둘 다 법적으로 물건legal thing인 현실을 지적했다. 또 연필을 부러뜨리며 이러한 행위가 동물을 죽이는 행위와 법적으로 동일하게 평가됨을 문제 삼았다(그는 여기에 더해 영장류에 속하는 동

---

* 독일 민사소송법 제811조c는 '가정에서 영리를 목적으로 사육하지 않는 동물'의 압류를 금지하고 있다.

물을 법적 인격체legal person로 인정해야 한다고도 주장했다).

동물은 물건이 아니다. 이런 당연한 사실이 이제라도 민법에 반영될 것이라니 다행이다. 실제 개정을 통해 '동물이 물건과 다른 법적 지위를 갖는다'는 근간이 만들어지면, 그 토대 위에 그것을 보완하는 구체적인 조항들이 마련되어야 할 것이다. '물건 아닌 동물'을 해한 행위에 대해서도 더욱 엄중한 처벌이 이루어져야 할 것이다.

법은 어떠한 사회를 만들고, 이를 유지해나가겠다는 인간들의 약속이다. 우리 사회가 동물을 사물로 취급해온 그동안의 법적 관행을 반성하고, 목숨 있는 모든 존재를 더 치밀하게 존중할 것을 약속하는 곳이 되길 바란다.

동물 의료 소송을 대하는 가벼운 자세

첫 번째, 깜비 일화

늦은 저녁, 열다섯 살 반려견 깜비의 호흡이 나빠지기 시작했다. 보호자는 곧바로 24시 동물병원을 찾았다. '야간에 수의사가 상주하며 강아지를 돌봐주느냐'는 질문에 그렇다는 대답을 들은 보호자는 그렇게 깜비를 입원시켰다. 노령견에다 호흡수가 오른 위급 상황이었으므로 입원한 깜비에게는 긴밀한 관찰과 진료가 필요했다. 그러나 야간 당직 수의사는 수의 테크니션*의 보고만 들었을 뿐, 입원

---

*   수의사의 진료 보조, 검사 등의 업무를 담당하는 사람.

한 깜비를 단 한 번도 직접 확인하지 않았다. 이튿날 깜비의 호흡수는 더 올랐고, 병원 측은 보호자가 면회를 온 이후에야 부랴부랴 심장 초음파 검사를 진행했다. 보호자에게는 깜비의 상황과 검사 진행 상황을 숨긴 채였다. 몇 시간 뒤 깜비의 숨은 멈추었다.

나를 찾아와 법률 상담을 하는 깜비 보호자 세 모녀의 눈에는 눈물이 가득 고였다. 응급 상황이니 병원에 오라고 해놓고는 깜비를 내내 방치한 의료진에 대한 분노와 원망, 깜비의 마지막 순간에 함께 있어주지 못했다는 죄책감, 다시는 깜비를 볼 수 없게 되었다는 슬픔이 뒤섞인 눈물이었다. "우리 불쌍한 깜비 좀 도와주세요!" 이미 사망한 깜비를 도와달라는 보호자의 호소에 내 눈에서도 바득바득 참고 있던 눈물이 터져나왔다.

진료 계약상 수의사의 야간 상주 및 진료가 분명 중요한 내용이었음에도 지켜지지 않았다는 점, 반려견의 위중한 상태와 검사 진행 사실을 보호자에게 제대로 알려야 했음에도 그러지 않았다는 점 등 수의사의 의무 위반 내용을 담아 소장을 접수했다. 한 달여 뒤 피고 측의 답변이 도착했다. 내용은 이랬다. '수의사가 동물을 직접 진료해야 한다는 법은 없고, 테크니션을 통해 보고를 받았으니 문제 될 것이 없으며, 담당 수의사는 적절한 진료를 다 하였고, 응급 상황에서는 보호자 동의 없이 검사를 진행할 수 있다.' 보호자가 직접 서명한 입원 동의서도 첨부되어 있었다.

재판 당일, 피고 측 변호사는 답변서상의 주장을 반복했다. 재판장은 '수의료 과실 여부를 법원이 판단할 수 있을지 모르겠다'며 진료 기록부 등을 감정 신청하는 것이 어떻겠냐고 물어왔다. 하지만 이에 대한 내 생각은 달랐다. 이 사건은 수의료 과실 여부가 아닌 계약 불이행과 설명 의무 위반 여부를 따져야 하는 것이었다. 여기에 다른 수의사의 감정은 필요하지 않았고, 청구 금액이 소액인 까닭에 감정 비용까지 감당하는 것은 소송경제에도 맞지 않았다. 나는 이 같은 주장을 전달한 뒤 재판부가 판단을 내려달라고 했다. 이후 법정 밖으로 나온 보호자들은 '판사님이 기록을 꼼꼼히 보지 않으신 것 같다'며 우려를 표했고, 나는 우리 측 주장의 취지를 재차 강조한 서면을 추가로 제출했다. 그리고 나서도 선고 직전까지 불안과 긴장이 이어졌다.

다행히 재판부는 우리 손을 들어주었다. 그러면서 다음과 같이 판시했다.

> 호흡수를 체크, 관찰만 하고 그에 맞는 필요한 조치를 취하거나 적어도 야간 당직 테크니션으로 하여금 반려견 상태에 따른 조치를 취할 것을 지시하지 않은 것, 보호자에게 반려견의 호흡수 증가 상태, 심장 초음파 검사의 필요성과 위험성, 검사 시행 결과와 향후 조치 등을 사전 또는 사후에 알리지 않은 것은 진료 계약상 채무 불이행 및 설명 의무 위반에 해당하며, 피고는 원고들이 입은 정신적 손해를 배상할 의무가 있다.

인정 금액은 깜비를 잃은 보호자들의 정신적 피해를 충분히 보상할 수 없는 소액이었지만(물론 금액이 많다고 해서 피해가 온전히 보상될 수 있는 건 아니다), 당초 보호자들이 원한 것은 법원이 상대

수의사의 잘못을 인정하는 것이었다. 세 모녀는 지급된 위자료 전액을 도움이 필요한 곳에 기부하겠다고 했다. 소송 결과로 많은 위로를 받았다는, 깜비도 하늘에서 조금이나마 마음을 풀었을 거라는 그들의 말에 가슴 한편이 뭉클했다.

두 번째, 모모 일화

열세 살 반려견 모모는 24시 동물병원에서 폐암 수술을 받았다. 경과가 나쁘지 않았던 어느 날, 담당 주치의는 모모의 보호자에게 장 종괴 수술을 권했다. 큰 수술을 겪은 지 한 달이 채 지나지 않은 데다 현 상태도 나쁘지 않았기에 보호자는 망설였다. 그러나 주치의는 줄곧 '이 수술을 하지 않으면 모모는 죽는다'면서 설득했다. 그러면서도 수술에 따르는 부작용, 위험에 대해서는 아무런 설명을 하지 않았다. 수술을 하지 않으면 죽는다는 수의사의 단호한 말에 보호자는 그의 말을 따를 수밖에 없었다.

수술 경과는 좋지 않았다. 모모는 보호자를 알아보지 못할 정도로 힘들어했고, 그렇게 수술 3일 만에 숨을 거두었다. 병원 측은 수술 후 관리가 제대로 이루어졌으나 모모가 갑자기 죽었다고 설명했다. 그러나 병원의 설명은 실상과 달랐다. 모모는 죽어가던 순간, 그리고 심정지 후 약 25분간 방치되어 있었다. 적시에 적절한 응급처치가 이루어지지 않은 것이다. 배를 다 덮을 정도로 긴 수술 자국이 남은 모모의 사체를 붙들고 보호자는 한없이 울었다. 길에서 자신을 자꾸만 따라오던 어린 모모를 집에 데려온 후, 그렇게 11년을 돌봐온 마음 따뜻한 보호자였다.

이번에도 병원 측의 설명 의무 위반과 진료 계약상·업무상 주의 의무 위반이 문제였다. 특히 병원이 수술에 대한 부작용이나 위험성을 설명하지 않고 오로지 그 필요성만을 강조한 사실, 보호자가 충분한 고지를 못 받은 탓에 주체적인 결정을 내리지 못했다는 사실이 명백했다. 피고 측은 예상대로 본인들은 충분히 설명했고, 수술 동의서에 보호자의 서명도 받았으며, 수술 이후에도 필요한 처치를 모두 이행했다고 주장했다. 그러면서도 보호자에게 수술의 위험성을 충분히 설명했다는 점에 대해서는 입증하지 못했다(설명 의무 이행에 대해서는 피고에게 입증 책임이 있다). 우리가 승소할 수 있겠다고 생각한 이유였다.

문제는 재판부의 태도였다. 재판 당일 나와 함께 원고석에 앉은 보호자는 재판장에게 모모의 억울한 죽음에 대해 눈물로 호소했다. 그러나 재판장은 대뜸 "개가 죽었을 때는 폐사했다고 하지 사망했다고 하지 않는다"며 보호자가 사용한 단어의 적절성을 지적했다. 이미 다수의 판결에서 반려동물의 죽음을 사망이라 표현하고 있음에도 불구하고, 해당 재판장은 '고작' 동물에게 '무려' 사망이라는 단어를 사용한 것이 탐탁지 않은 듯했다. 동물에게 쓰이는 단어와 인간에게 쓰이는 단어를 구분 짓는 그의 말에서 동물을 낮잡는 위계적 태도가 엿보였다. 그는 또 모모를 두고 "열세 살이니 충분히 산 것이 아니냐"고도 했다. 이는 동물을 바라보는 차별적 인식을 대놓고 드러낸 것임과 동시에 소송당사자의 고통을 배려하지 않은 무례한 태도였다. 보호자와 나는 그런 판사의 태도에 분노하고 좌절했다.

우리는 패소했다. 그리고 판사는 원고의 청구를 배척하는 이유를 단 한 줄도 쓰지 않았다. 소액 사건이란 이유―청구 금액이 3000만 원 이하인 소액 사건에서 판사는 판결 이유를 기재하지 않을 수 있다―로, 소송당사자를 이해시키고 납득시키기 위한 최소한의 배려도 보이지 않은 것이다.

그러나 보호자는 항소했다. 소송의 결과가 온전히 자신의 운―동물권 감수성을 갖춘 재판부가 배정되기를 바라야 하는―에 달린 가혹한 현실에 기꺼이 다시금 발을 담근 것이다. 간절하기 때문이다. 소송은 사안의 잘잘못을 법적으로 가리는 사회적 절차다. 동시에 소송당사자에게는 지난한 개인적 싸움이기도 하다. 법의 한계를 온몸으로 절감하며 나아갈 수밖에 없는 그가 더 합리적인 판결을 받기를, 그 전에 동물권에 전향적인 태도를 보이는 재판부가 더 많아지기를, 그보다 더 전에 동물권 의식이 부족한 재판부일지라도 피해에 합당한 배상을 명할 수밖에 없는 법적 체계가 마련되기를 바란다. 피해 구제가 변칙적, 우연적으로 이뤄지는 사회에서 우리는 결코 '언제나' 안전할 수 없다. 우리에게 법이라는 시스템이 필요한 이유다.

쉽지 않은 의료 소송 준비

유기견 보호소에 있었던 우리 집 첫째 고미는 입양 직후 동물병원 신세를 져야 했다. 당시 보호소에서 유행하던 홍역바이러스에 감염된 탓이었다. 밥도 안 먹고 가쁜 숨만 몰아쉬는 고미를 입원시키고 귀가하면서도 나는 계속 불안했다. 치명률이 높다는 수의사의 설명 때문에도 그랬지만, 무엇보다 고미의 상태가 너무 안 좋아 보여서였다. 이런 상황에서 병원을 신뢰하는 것 외에는 달리 할 수 있는 게 없단 사실도 불안을 부채질했다. 언제 올지 모르는 병원의 전화를 목 빠지게 기다리고, 면회도 매일 갔다. 힘들고 불안했던 2주가 지나고 다행히 고미는 회복했다. 나는 고미를 치료해준 병원을 그때도 지금도 여전히 신뢰하지만, 반려동물을 병원에 맡겨야 하는 보호자는 그 크기가 작든 크든 불안으로부터 자유로울 수 없다. 동물 의료보험이나 표준화된 진료비 체계가 없는 현실도 보호자의 부담을 가중시킨다.

엄마가 키우는 개 5마리 중 4마리가 노견이 되어 아픈 곳이 하나둘 생기는 바람에, 최근에는 거의 매일같이 동네 동물병원을 드나들고 있다. 이처럼 양육자는 동물병원에 주기적으로 방문할 수밖에 없다. 반려동물에 대한 자가 진료는 위법이기도 하다.*

동물병원 분쟁 관련 상담을 진행하다 보면, 보호자들이 겪는 어려움이 실로 다양하다는 사실을 새삼 깨닫게 된다. 앞 글에서도 소

---

* 수의사법은 수의사가 아닌 자의 동물 진료 행위를 금지하고, 이를 위반할 경우 2년 이하의 징역 또는/및 2000만 원 이하의 벌금에 처한다(수의사법 제10조, 제39조 제1항 제2호). 다만 축산 농가에서 사육하는 가축에 대한 자가 진료, 반려동물에 대한 제한된 범위의 자가 진료(위험도, 중요도가 낮은 동물 의약품을 투약하거나 바르는 정도의 행위, 수의사의 처방과 지도에 따라 행하는 투약 행위, 일반적인 외부 기생충 구제 등) 행위는 허용하고 있다(수의사법 시행령 제12조).

개했듯이 의료진은 동물에게 필요한 의료 조치를 취하지 않거나, 보호자에게 치료 내용이나 그 위험성에 대해 충분히 설명하지 않거나, 입원이나 치료를 은근히 강요하기도 한다. 의료 과실이 의심돼 이를 입증할 자료(CCTV 영상이나 진료 기록부 등)를 달라는 보호자의 요청을 거부하는 병원도 있다. 법적으로 이를 교부할 의무가 없다는 이유에서다. 실제로 수의사가 정당한 사유 없이 발급 요구를 거부할 수 없는 서류는 진단서, 검안서, 증명서 또는 처방전뿐이다.[30]

CCTV 영상이나 진료 기록부는 동물의 사망 경위를 파악할 때 꼭 필요한 자료이자 추후 소송에서 긴요하게 활용될 수 있는 중요한 증거다. 보통 진료 기록부에는 증상, 수치 등 당시 동물의 상태와 그에 따른 수의사의 처치, 처방 내역이 기재된다. CCTV 영상에는 동물의 당시 상태와 병원의 관리 및 처치 행위가 그대로 기록된다. 이들 자료는 녹취 파일 등 기타 자료와 함께 수의사 주의의무 위반 사실을 확인, 입증할 수 있는 자료로서 입증책임*이 있는 원고(보호자)가 확보해둬야 한다. 만약 병원이 교부를 거부하면 보호자는 해당 자료가 보관 기간 만료 등의 이유로 없어지기 전에 적절한 법적 절차(증거 보전 신청 또는 민사소송 제기)를 진행해야 하며, 이런 수고로운 과정을 거치고도 자료를 끝내 얻어내지 못할 수 있다.**

---

*   소송에서 자기에게 유리한 사실을 입증할 자료를 제출해야 하고, 이를 하지 못할 경우 패소 등 소송상 불이익을 입게 되는 책임.

**   소송에 들어가서는 대부분이 자료를 제출하는 편이나, 증거 보전 신청의 경우 법원의 증거 보전 결정이 내려지더라도 그 결정을 따르도록 강제할 수 있는 방법이 없어, 상대방이 자료를 제출하지 않는 일이 왕왕 발생한다. 다만,

소송에 돌입한 후에도 난관은 남아 있다. 수의사의 '설명의무 위반'으로 소송을 제기하면 그 입증이 어렵지 않다. 피고(수의사)가 자신이 설명을 이행했다는 사실을 증명해야 하기 때문이다.* 반면 의료상 과실을 입증하는 것은 무척 까다롭다. 수의사가 업무상 주의의무를 위반한 사실이나 동물의 사망 원인을 수의학적 지식이 없는 원고가 입증해야 하기 때문이다. 또 법원에 진료 기록부 감정을 신청하여 과실을 입증해야 하지만 수의사들이 감정에 나서길 꺼리는 데다 중립적인 수의료 감정 기관도 없는 까닭에 감정이 아예 이루어지지 않거나 중립적인 감정 결과가 나오지 않는, 원고에게 불리한 상황이 발생하기도 한다. 사람에 대한 의료 과실 소송에서도 점차 원고의 입증 책임이 완화되고 있는 것처럼,** 수의료 사건에도 같은 법리가 적용되어야 하는 이유다. 고무적인 것은, 최근 입증책임을 완화하는 법리를 수의료 사건에도 적용한 판례가 나왔다는 사실이다. 2022년 대전

이 경우 증거를 제출하지 않는 행위는 소송에서 불리하게 작용할 수 있다.

* 설명의무란, 수의사가 보호자에게 동물의 증상, 치료 방법의 내용과 필요성, 예상되는 부작용 및 위험 등에 관해 충분히 설명함으로써 보호자의 치료 선택권을 보장할 의무를 말한다. 설명의무 중 일부가 수의사법(2022년 1월 개정, 2023년 1월 5일 시행)에도 반영되어, 수술·수혈 등 중대 진료를 진행할 때 수의사는 반드시 설명의무를 이행해야 하고 서면으로 보호자의 동의를 받아야 한다(제13조의2). 이를 위반하면 민사상 손해배상 책임에 더해 100만 원 이하의 과태료도 부과될 수 있다(제41조 제2항).

** 일반인이 상식에 비추어 의료 행위 과정에서의 과실, 그리고 그 행위와 결과 사이에 다른 원인이 개입할 수 없다는 점을 증명하면 의료상 과실과 결과 사이에 인과관계가 있었다고 추정된다. 이때 피고 의사가 의료상 과실이 없었음을 증명해야 한다.

지방법원은 "수의사는 비록 의료법에서 규정하는 의료인은 아니나, 동물의 건강 증진을 목적으로 하는 수의사 진료 행위의 경우에도 특별한 사정이 없는 한 의료법상의 의료인에게 적용되는 입증책임 완화의 법리를 유추 적용할 필요성이 있다"고 판단했다.* 이러한 법리가 확립된 판례로 자리 잡거나 법으로 명문화되기까지는 시간이 다소 걸리긴 할 것이다. 그러나 수의료 과실 소송에서 이 같은 전향적 판결이 나왔다는 사실 그 자체만으로도 큰 진보라 할 수 있을 것이다.

국민의 15퍼센트가 반려동물과 함께 사는 시대, 이에 따라 동물병원 방문 인구도, 알 권리에 대한 보호자들의 요구도 점차 늘 것이다. 이 같은 변화에 발맞춰 법률도 체계화되어야 한다. 보호자는 치료 전 과정과 그 부작용을 알 권리, 제반 상황에 대해 충분한 설명을 들은 뒤 치료 여부를 선택할 권리, 수의료 서비스를 이용하는 소비자로서 의료 정보를 동등하고 공평하게 누릴 권리를 보장받을 수 있어야 한다. 동시에 수의사의 법적·윤리적 책임은 더 무거워져야 한다. 보호자가 요청하면 진료 기록부를 발급하도록 하고, 병원 내 CCTV 설치를 의무화하며,** 영상 교부 요청을 받으면 이를 거절할

---

* 이에 더해 재판부는 피고가 경과 관찰, 적절한 치료 등을 소홀히 한 과실을 인정했으며, '생명체인 반려견의 객관적 교환가치를 산정할 수 없고, 6년 동안 보호자와 교감하고 생활해온 반려견을 시장에서 다른 비슷한 견종으로 구입해 대체할 수도 없다'고도 판시했다(대전지방법원 2022. 9. 8. 선고 2021나 150 판결).

** 동물보호법상 반려동물 장묘업, 미용업, 운송업 및 위탁관리업장에는 CCTV를 의무적으로 설치해야 하나(제32조 제1항, 시행규칙 제35조), 동물병원은 CCTV를 설치하지 않아도 된다.

정당한 사유가 없을 때 필요한 한도 내에서 영상을 제공하도록 해야 한다. 법의 강제 없이도 보호자들에게 치료 과정 영상을 보여주는 병원이 점차 늘어나고 있다. 앞으로 보호자들이 이러한 병원을 더 신뢰하고 더 자주 찾게 될 거라는 점을 고려할 때, 여타 병원들도 정보를 선제적으로 공개할 필요가 있다. 무엇보다 계속해서 병원의 자발성에만 기댈 수는 없기에 관련 법 개정이 조속히 이뤄져야 할 것이다.

보호자도 가능하다면 여러 수의사의 의견을 듣고 비교해보는 것이 좋다. 특히 수의사에게 동물의 정확한 상태, 그에 따른 처치와 그 위험성 및 부작용, 다른 선택지의 유무 등을 설명해달라고 요구해야 하고, 그 내용을 녹취, 메모 등으로 남겨둬야 한다. 내 가족을 내가 지켜야 하는 현실에서 이는 어쩔 수 없이 벼려야 하는 씁쓸한 방어책이다.

학대를 목격한 당신!

우연히 동물 학대 현장을 목격한 당신, 어떻게 대처할 것인가?

1. 안타깝지만 그냥 지나간다.
2. 학대 행위를 직접 저지하고 동물을 구출한다.
3. 경찰이나 관할 구청 민원 센터에 신고한다.

위 보기 중 가장 권장되는 방법은 3번이다. 2번은 학대 행위자로부터 동물을 즉각적으로 분리시킬 수는 있지만 목격자가 폭력에 노출될 수 있고, 상황에 따라 위법의 소지가 있을 수도 있다.* 목격자에게는 신고 의무가 없기에 1번처럼 학대 장면을 외면하더라도 법적인 문제는 없다. 다만 학대 장면을 목격한 누구든 신고할 수 있다는 점,[31] 그러한 행위가 생명을 구하고 학대 행위자가 또 다른 학대로 나아가는 것을 당장 막을 수 있다는 점을 생각해볼 때 적극적인 신고가 최선의 답이다.

여기서 말하는 동물 학대란 정당한 사유 없이 동물에게 고통과 스트레스를 주는 행위를 뜻한다. 양육자가 반려동물의 굶주림, 질병을 방치하는 것도 학대에 포함된다는 걸 이제 우리 모두는 안다. 실제 법정에서 동물 학대로 인정되지 않는다 하더라도—현장의 경찰도 '이게 동물 학대인가?' 판단하는 데 어려움을 느낀다고 한다. 그만큼 학대 여부를 가리기란 쉽지 않다—신고가 있어야 법적 판단도 받아볼 수 있기에 학대가 의심되는 정황을 목격한다면 우선 신고를 해야 한다. 사건의 진행 상황이나 처리 결과를 확인하고 싶다면 단순 신고에 그치지 않고 고발장을 제출해야 한다.**

---

* 이 방법은 상대방과 대화가 가능하거나 학대 중지, 개선 요구, 동물 인계 등이 받아들여질 가능성이 있을 때만 시도될 수 있다. 혹여 추가 폭력이 발생하지 않도록 유의해야 하며 동물을 구조한다는 목적으로 동물 보호자의 동의 없이 동물을 데려오거나 상대의 주거지에 들어가서도 안 된다. 절도죄나 주거침입죄로 처벌될 수 있기 때문이다.

** 고발이 이뤄진 건은 경찰이 반드시 수사해야 하고, 고발인은 해당 사건에 관

신고·고발 외에 증거를 남기는 것도 잊어선 안 된다. 목격한 두 눈이 이미 증거이지만(목격자 진술), 현장 사진이나 영상만큼 객관적인 증거도 없기 때문이다. 그렇다고 타인의 사유지나 공간에 들어가서 촬영하는 것은 허락되지 않는다. 녹취자가 대화 참여자 중 한 사람이라면 몰래 녹음을 하는 것도 가능하다. 온라인에서 마주한 동물 학대 사진, 영상은 해당 화면을 캡처하는 것으로 증거를 확보할 수 있다.

학대 행위를 직접 본 건 아니지만 피해 동물을 발견했다면 근처 CCTV를 통해 동물의 상해가 학대로 인한 것인지를 확인해야 한다. 학대 때문에 생긴 피해임이 입증되지 않는다면 애써 신고해놓고도 증거 불충분으로 불기소처분을 받을 수 있기 때문이다. 물론 이 일을 혼자하기는 어려울 수 있으니, 경찰에 CCTV 확인 및 피해 동물에 대한 검사와 감정을 요청하면 된다. 가능하다면 피해 동물을 직접 동물병원에 데려가 수의사 소견서를 받거나 농림축산검역본부에 사체 감정을 의뢰할 수도 있다. 현재 경찰은 농림축산검역본부 및 (독극물 검사의 경우) 국립과학수사연구원에 사체 감정 등을 의뢰하고 있다.* 신고 후 피해 동물 구조나 학대자로부터의 분리는 관할

한 진행 상황 및 결과를 전달받을 수 있다. 다만 최근 (검·경 수사권 조정을 위해) 개정된 형사소송법에 따라 고발인은 경찰의 불송치 결정(사건을 검찰에 송치하지 않고 종결하기로 한 것)에 대해서는 이의신청을 할 수 없게 됐다.

* 현재 국내에는 동물 학대 수사를 위한 '수의법의학' 전문 기관이나 전문가가 없다. 다만 2022년 4월 개정된 동물보호법에는 동물 학대 여부를 판단하기 위한 동물 검사 의뢰의 근거가 새로 마련되었으므로(제39조 제4항), 앞으로

구·군청의 전담 공무원을 통해 이뤄진다.

내가 동물권 활동을 시작한 10년 전과 지금을 비교해볼 때, 여전히 변하지 않은 것이 있다면 바로 동물 학대 수사, 증거 확보에 미온적인 경찰의 태도다. 동물 학대 사건의 특수성을 고려한 전문 수사 체계도 갖춰져 있지 않다. 2021년에 이르러서야 '동물 학대 수사 매뉴얼'이 마련됐지만 수사 실무에 적용되기까지는 오랜 시간이 걸릴 것으로 예상된다. 물론 경찰의 이 같은 수동적인 태도가 그들의 인식 부족 때문만은 아니다. 2022년 6월, 울산경찰청 초청으로 동물권과 동물보호법 강의를 했다. 당시 나는 동물 학대 사건에 대한 일선 경찰들의 열의를 엿볼 수 있었다. 동시에 그 열의만으로 극복할 수 없는 실무상의 한계도 접했다. 경찰이 수사 의지를 갖는다 하더라도 초기에 학대 증거를 확보하고 범행 현장에 출입하는 것이 쉽지 않았다. 특히 압수수색검증영장을 신청하더라도 법원에서 발부해주지 않을 때면 좌절감이 든다고 했다. 수사기관뿐 아니라 행정청과 법원이 함께 동물 학대 범죄의 심각성을 인식하고 서로 긴밀히 협조해야 하는 이유다.

동물권에 대한 의식이 우리보다 앞선 다른 나라들은 경찰, 법원의 관련 전문성을 키우는 건 물론, 일선에 동물 보호 단체를 적극적으로 끌어들이고 그들의 권한도 확대하고 있다. 이를테면 미국에는 경찰과 법관에게 동물복지를 교육하는 시스템이 마련되어 있고, 동물 보호 단체인 동물학대방지협회ASPCA가 수사권, 체포권을 갖고 있기

는 관련 전문가가 더욱 많이 양성될 것으로 기대된다.

도 하다. 협회는 일반 경찰과 함께 동물 학대 현장에 출동해 사진, 동영상, 스케치, 샘플 채취 등 각종 증거를 수집하고 동물을 구조, 치료하며 때에 따라서는 학대 행위자를 수사·체포하기도 한다.[32] 영국의 동물 보호 단체 왕립동물학대방지협회RSPCA는 '동물 전문 조사관'을 두고 있다. 그들은 비록 경찰의 권한을 갖고 있진 않지만 학대 현장에 출동하여 개선을 요구하고 공소를 제기할 수 있다. 네덜란드에서는 동물 보호 교육을 받은 동물 경찰관과 보호 단체가 현장에 함께 출동해 대응하며, 긴급 전화로 24시간 신고를 받고 있다.[33]

2022년 1월부터 7월까지 112에 접수된 동물 학대 신고 건수는 3768건으로 전년 같은 기간 대비 18.1퍼센트 증가했다. 동물 학대 자체가 늘었다고 볼 수도 있겠지만, 동시에 동물 학대를 위법 행위로 인식하고 적극적으로 신고하는 이들이 늘었다고도 할 수 있다. 증가하는 학대 행위와 신고 건수에 대응해 수사기관의 대응력과 전문성을 높여야 하는 이유다. 가까운 미래에 수의법의학 전담 조직이 만들어지기도 바라본다.

참을 수 없는 반려의 가벼움

복순이는 마을에서 유명한 강아지였다. 보호자가 뇌졸중으로 쓰러지자 크게 짖어 주변에 알린 덕에 그의 생명을 구한 일이 알려졌기 때문이다. 늘 묶여 있으면서도 사람을 좋아해 지나가는 이들에게 꼬리를 흔들던 복순이는 어느 날 누군가로부터 신체 일부가 훼손되는 학대를 당했다. 보호자는 복순이를 동물병원에 데려갔지만 치료비가 부담된다는 이유로 끝내 보신탕 집에 넘겨버렸다. 추후 수사를 통해 밝혀진 사실에 따르면 학대 행위자는 복순이가 자신의 개를 물었다는 이유로 그 같은 범행을 저질렀다. 학대 행위자와 도살될 것을 알면서도 복순이를 보신탕 집에 넘긴 보호자, 복순이를 도살한 업주 모두 그렇게 검찰로 송치되었다.[34]

나는 복순이가 생전에 웃고 있던 사진을 한참 바라보았다. 순하고 사람 좋아했던 복순이는 상상할 수 없는 신체적·정신적 고통과 생명의 위협 속에서 죽어갔을 것이다. 잔혹한 폭력을 가한 학대 행위자가 가장 큰 지탄을 받아야 함은 물론이다. 동시에 나는 자신이 키우던, 그것도 아픈 개를 팔아버린 보호자에 대해 생각하지 않을 수 없었다. 보호자의 목숨을 구한 충정은 아픈 개를 외면한 무책임과 돈 몇 푼에 가족을 방기한 무정함으로 돌아왔다.

동물을 반려한다는 것은 단순히 동물의 귀여움, 애교를 누리는 것만을 의미하지 않는다. '반려하다'의 사전적 정의가 '짝이 되다'인 것처럼, 반려동물을 들이는 행위는 그의 일생을 책임지겠다고 약속하는 것이다. 여기서 다시 책임이란, 동물의 습성을 제대로 이해하고 그에 적합한 환경과 돌봄을 제공하는 것, 아플 때 적절한 치료를 받게 하는 것이다. 동물의 기본적인 복지를 충족시킬 의무는 반려동물 보호자는 물론 모든 동물 보호자에게 부여된다.*

---

*   개정 동물보호법 제9조. 다만 보호자가 법적 제재를 받게 되는 행위로는 이러한 돌봄 의무를 위반한 것에 더해 동물에게 상해나 질병을 입히는 경우 등

반려동물 양육 인구가 늘고는 있지만 모두가 동물에게 합당한 대우와 돌봄을 제공하는 건 아니다. 오히려 보호자에 의한 학대, 방임, 유기 문제는 날로 심각해지고 있다. 보호자의 돌봄 의무와 책임이 사회적·법적으로 강조되지 않는 반면, 동물을 구하거나 기르기는 무척 쉬운 구조이기 때문이다. 각종 아기 동물의 귀여운 모습만을 강조해 구매를 권유하는 펫 숍 광고뿐 아니라, 방송 프로그램에 등장하거나 SNS에서 '유행하는' 특정 종을 깊은 고민 없이 따라 기르는 이들 역시 이런 구조를 공고화한다.

우리나라에서는 아무나—심지어 동물 학대 전력이 있을지라도—쉽게, 충동적으로, 준비되지 않은 상태에서 동물을 데려와 기를 수 있으며 입양 전 받아야 하는 교육에의 의무나 최소한의 자격 제한도 없다. 아울러 세금 부과와 같이 보호자에게 (강제로나마) 책임감을 부여하는 법적 장치도 존재하지 않는다. 이러한 사회적 구조와 분위기는 양육자에게 책임 의식을 심거나 무책임한 양육자를 걸러내기는커녕 오히려 충동적인 구매·입양을 부추긴다.

이러한 구조에 적극적으로 가담하는 주체가 바로 소위 '강아지 공장'과 펫 숍이다. 강아지 공장은 '상품 생산'을 위해 암컷을 반복 출산의 고통에 밀어 넣는다. 펫 숍은 이윤을 위해 동물 구매를 부추기고, 동물을 재화로 전시하며,* '잘 팔리는' 나이대를 지나버린, 건

제10조에 정한 행위에 국한된다.

* 최근에는 '안락사 없는 보호소'라거나 무료 분양, 무료 위탁을 가장한 변종 펫 숍도 활개를 치고 있다. 하지만 이들의 진짜 목적은 위탁 비용을 얻거나

강이 나빠진 동물들을 그대로 방치하거나 경매장, 도축장에 팔아버리기도 한다.* 동물이 과다하게 생산되고 제약 없이 거래되는 이 같은 모습은 유기 동물이 늘어나는 현실로 귀결된다. 이 탓에 동물 보호 센터는 늘 포화 상태로 운영되며 불필요한 안락사도 늘어나는 등 사회적 비용이 증가하고 있다. 한쪽에서는 죽거나 버려지는 동물이 늘어나고, 다른 한쪽에서는 동물을 공산품처럼 찍어내는 생명 경시의 악순환이 되풀이되고 있는 것이다.

동물 입양 및 반려 문화가 자리 잡은 독일에서는 티어하임Tierheim이라는 민간 동물 보호 시설을 통해서만 동물을 입양할 수 있다.** 또 동물복지를 위한 동물 종별 환경·시설 기준이 법으로 정해져 있어서 그 기준을 따르기 어려운 펫 숍은 애초에 문을 열 수가 없다. 구조가 펫 숍을 밀어내는 형태인 것이다. 예비 양육자는 입양을 원한다고 해서 쉽게 동물을 데려갈 수도 없다. 입양 전 여러 번 대상 동물을 만나야 하고, 양육자 의무를 사전에 숙지해야 하며,

---

어린 강아지·고양이를 판매하는 것이다.

* 2018년에는 천안의 한 펫 숍에서 79마리의 개가 방치되다 떼죽음을 당한 사건(일명 천안 펫 숍 방치 사건)도 있었다.

** 입양 절차가 까다롭긴 하지만 티어하임에서의 동물 입양률은 90퍼센트를 웃돈다. 이곳에는 보호자의 사망, 이사 등으로 입소하게 된 동물, 열악한 곳에서 구조된 동물 등 다양한 동물(개와 고양이, 토끼, 새, 파충류, 말, 양 등)이 종의 특성에 맞는 쾌적한 환경에서 보호, 훈련, 치료를 받는다. 각 동물의 사연과 병력이 소개 카드에 기재되며, 사람들은 이를 보고 후원 혹은 입양을 결심하기도 한다(한희숙, 「독일 동물보호소 입양률이 90퍼센트를 넘는 비결」, 『한국일보』, 2017년 4월 7일자).

동물에 적합한 양육 환경을 제공할 수 있는지 여부—가족 중 동물을 싫어하는 사람이 있는지, 하루 8시간 이상 집을 비우는지 등—도 알려야 한다. 또 법은 보호자에게 반려동물 세금을 내게 함으로써 동물을 기르는 것에 대한 문턱을 높이고 법에 돌봄 의무를 상세히 규정함으로써 책임 의식을 부여한다. 예를 들어, 개의 양육자는 개를 사람과 충분히 교류하도록 해야 하고, 매일 2회 산책시켜야 하며, 사슬 등으로 장시간 묶어두어서도 안 된다. 나아가 동물 학대 등 위법 행위를 저지른 자는 법원의 판결에 따라 일정 기간 특정 동물을 보유, 양육하는 것이 금지될 수도 있다.

영국은 허가받은 동물생산업자(브리더) 외에는 6개월령 미만의 개, 고양이를 판매하지 못하도록 규제하고 있다.* 미국 캘리포니아, 메릴랜드, 일리노이주도 펫 숍에서의 반려동물 판매를 금지·제한하며, 최근에는 뉴욕주도 반려동물의 공장식 번식과 펫 숍 판매를 금지했다. 이에 따라 2024년부터 펫 숍은 반려동물을 판매할 수 없고 보호소 동물의 입양을 중개하는 역할만 할 수 있으며, 브리더만이 동물을 직접 생산·판매할 수 있게 됐다.**

---

* 강아지 공장에서의 반복 출산으로 척추가 휜 상태로 구조된 루시의 사례를 계기로 입법 운동이 전개됐다. 이에 해당 법은 루시의 법Lucy's Law이라고도 불린다[Animal Welfare (Licensing of Activities involving Animals) (England) (Amendment) Regulations 2019].

** AP, "New York bans pet stores from selling cats, dogs, rabbits," 2022년 12월 16일자. 한편 우리나라 동물생산업은 2018년 이후 허가제로 운영되고 있지만, 허가를 받은 업체에서도 동물복지 침해가 발생한다는 사실, 또 장기적으로 과도한 동물 번식 및 판매가 제한되어야 한다는 사실을 고려하면 현

우리 역시 동물을 물건 사듯, 아무런 준비나 각오도 되지 않은 상태에서 데려와 기르는 작금의 문화를 비판의 눈으로 바라봐야 한다. 동물을 반려하는 일이 한 생명에 대한 이해와 책임을 필요로 하는 일임을 주지해야 할 것이다. 동물 판매를 지양하고, 무책임한 보호자를 걸러낼 수 있는 시스템도 하루빨리 마련돼야 할 것이다.

잡았다! 개장수 트럭

"개 삽니다~ 개 파세요~"

평화로운 주말 아침, 집 앞을 지나는 트럭에서 흘러나오는 스피커 소리에 벌떡 잠에서 깨어났다. 얼른 밖으로 나가 눈으로 소리의 근원을 쫓으니, 이 지역 일대를 누비고 다니는 '그 트럭'이 저 멀리에 있었다. 스피커 소리에 묻혀 몰랐지만, 트럭 적재함을 덮은 그물망 아래에는 울부짖는 개 한 마리가 있었다. 초복을 닷새쯤 앞둔 때였다. 쿵쾅거리는 심장을 다잡고 얼른 차에 시동을 걸었다. 이번에는 꼭 붙잡고 만다. 몇 달 전에도, 며칠 전에도 같은 소리를 듣고 그를 잽싸게 쫓았지만, 또 경찰에 신고도 해보았지만, 매번 추적에 실

행 허가 기준 및 단속은 더욱 강화되어야 한다. 허가 기준의 경우, 직원 한 명당 관리하는 동물의 수를 더욱 줄이고(현재는 75마리 수준이며, 2023년 6월 18일부터는 50마리로 다소 줄어든다. 동물보호법 시행규칙 제35조), 영업장당 관리 가능한 동물 수도 제한되어야 한다. 출산 횟수, 생산 환경 등에 대해서도 세부 규정을 마련해야 할 것이다.

패했다. 그리고 그날, 그를 다시 만나게 된 거였다.

다짐은 굳세었으나 결과는 또 실패였다.

경기도 외곽의 시골로 이사 온 나를 가장 괴롭힌 건 주민들의 개를 사서 경매장과 도축장에 파는, 속칭 개장수 트럭이었다. 밖에서 내내 묶여 지내다 5만 원도 안 되는 헐값에 팔려가는 개들의 운명이란 뻔했다. 키우던 개가 도살될 수 있다는 걸 알면서도 파는 주인과 이들로부터 개를 받아 어딘가에 팔아넘기는 판매자의 투합…… 식용을 목적으로 개를 거래하는 산업이 없어지지 않는 한, 개들을 죽음의 길로 실어 나르는 트럭을 막을 근원적인 방법은 없다. 하지만 당장의 발본색원이 불가할 뿐, 법적으로 따졌을 때 그 트럭의 운송과 판매에는 분명 불법적 요소가 있었다. 내가 주말 오전의 단잠에 빠져 있을 수만은 없었던 이유다.

동물보호법에 따르면, 반려동물을 구입하여 판매, 알선 또는 중개하는 영업은 동물판매업에 해당되고, 동물판매업을 하려는 자는 동물보호법 시행규칙이 정하는 시설과 인력을 갖추어 지방자치단체에 등록해야 한다. 이를 어길 경우 500만 원 이하의 벌금형에, 게다가 그 상습성까지 확인되면 750만 원 이하의 벌금형에 처할 수 있다.* 개장수 트럭은 이와 같은 등록을 하지 않은 채 영업하고 있

---

*　기존 동물보호법 제32조 제1항 제2호, 제33조 제1항, 제46조 제3항, 제5항 및 같은 법 시행규칙 제36조 제2호. 아울러 2023년 4월 27일부터 시행되는 개정법은 기존 등록제를 허가제로 전환하여, 동물판매업을 하려는 자는 일정한 시설, 인력 기준을 갖춘 뒤 지자체의 허가를 받도록 했다. 이를 어길 시 2년 이하

을 가능성이 높았고, 이는 무등록 영업으로서 형사처벌 대상이 될 수 있었다. 나아가 동물보호법은 동물을 이송하는 과정에서 동물이 다치지 않도록 하는 의무 사항을 규정하고 있고(제9조 및 제9조의2), 위반 시 과태료(행정처분)를 부과하도록 하고 있는데, 이것이 형사 고발의 근거는 아니었지만 나는 법규 위반 내용으로 해당 사실도 함께 기재했다.

그날로부터 4개월쯤 지났을까. 트럭의 스피커 소리가 다시금 들려왔다. 이번에는 이전과 달라야 했다. 나는 그를 무작정 따라나섰던 과거의 방법을 버리고, 새로운 전략을 세웠다. 곧바로 멀리서나마 트럭 영상을 찍고 교통 CCTV에 담겼을 차량 번호 특정을 요청했다. PNR을 통해 동물보호법 위반으로 그를 고발하기도 했다.

경찰이 차량 번호를 특정하지 못하고 있던 와중에 우연히 해당 트럭을 목격한 이웃의 도움을 받아 번호를 알아낼 수 있었다. 경찰 조사로 피의자도 특정되었겠다, 나는 이제 그가 기소 의견으로 검찰에 송치될 일만을 기다리고 있었다. 그런데 피의자가 예상치 못한 답변을 했다는 게 아닌가. 그는 자신이 구입한 개들은 반려동물이 아니며, 반려 목적이 아닌 식용 목적의 개를 판매한 것이니 법을 위반하지 않았다는 취지로 항변했다.

사실 그의 주장은 개 식용 산업 종사자들이 자주 써먹는 변명이다. 자신이 판매하는 개가 '식용견'이라고 주장함으로써 '반려동물 영업'에 적용되는 법 규제를 피하는 것이다. 우리는 물론 개는 개일

의 징역 또는 2000만 원 이하의 벌금으로 처벌된다(제69조, 제97조 제2항).

뿐, 반려견과 식용견이 따로 존재하지 않는다는 사실을 안다. 다만 법적으로 반려동물 정의*가 모호하다 보니 이 모호성을 이용해 법망을 빠져나가려는 이들이 이렇듯 존재한다.

상황이 이렇게 된 이상, 나는 어떻게 하면 피의자의 주장을 더 설득력 있게 반박할 수 있을지 더 치열하게 고민하는 수밖에 없었다. 다른 변호사들(특히 박세훈 변호사)과 논의 끝에 다음과 같은 법리를 완성했다.

첫째, 피의자가 구매한 개들은 그들이 어디서 길러졌는지와는 관계없이 모두 가정에서 자란 개들로, '곁에 두고 기르며 정서적으로 의지한다'는 동물 반려의 목적에서 벗어난다고 보기 어렵다. 또한 보호자들이 피의자에게 기르던 개를 팔았다는 이유만으로 '반려견이었던 개'가 갑자기 '반려견이 아닌 개'가 되는 것도 아니다.

둘째, 동물판매업은 '반려동물을 구입하여 판매, 알선 또는 중개하는 영업'을 의미하므로, 반려동물을 구입하여 (육견으로 판매하든 다시 반려견으로 판매하든 그 목적을 불문하고) 판매, 알선, 중개 행위를 한다면 그것은 동물판매업에 해당된다.

셋째, 동물판매업 관련 판례를 보더라도 동물이 '반려 목적으로 길러졌는지' 또는 '반려 목적으로 판매되는지' 여부는 묻지 않는다. 실제로 시장 앞 노상에서 강아지 4마리와 고양이 5마리를 철제 상자와 배추 망에 각각 넣은 뒤 차량 적재함에 진열, 판매한 사안에 대

---

* 　반려 목적으로 기르는 개, 고양이 등 농림축산식품부령으로 정하는 동물을 말한다. 기존 동물보호법 제2조 제1호의3.

해 법원은 동물의 반려 목적 여부를 따져 묻지 않고 동물판매업 무등록 및 동물 학대(진열 방식으로 인한 신체적 고통 유발)로 벌금형을 선고한 적이 있었다.[35]

우리의 이 같은 반박 끝에 경찰은 결국 기소 의견으로 사건을 송치했고, 서울북부지방검찰청은 약식기소 처분을 내렸다. 서울북부지방법원은 피고인에게 벌금 30만 원의 약식명령을 내렸고 피고인이 정식 재판을 청구하지 않아 형은 그대로 확정되었다. 약식명령문에 기재된 범죄 사실에 따르면, 피고인은 불특정 다수의 주민으로부터 강아지는 약 1만 원, 큰 개는 약 5만 원에 구입한 후 비슷한 돈을 받고 개들을 경매장 등에 팔았다. 벌금 30만 원은 큰 개 6마리만 팔면 보전되는 가벼운 처벌이라 할 수도 있지만, 개장수 트럭이 동물보호법 위반으로 처벌된 사례가 생겼다는 것만으로도 나는 작은 승리를 거뒀다고 느꼈다.

이후 우리 동네에 개장수 트럭이 돌아다니는 일은 눈에 띄게 줄었다. 그러나 과일 판매 트럭 소리에도 온 신경이 곤두서는 증상은 여전히 사그라지지 않고 있다. 여기가 아니더라도 개장수 트럭은 어디에선가 계속 돌아다니고 있을 것이다. 개 식용 및 관련 거래가 금지되지 않는 한 말이다.

'식용' 동물은 고통 속에서 죽어도 괜찮다?

2020년 11월, 정부의 일본산 활어 수입을 반대하는 집회에서 경남어류양식협회는 살아 있는 방어와 참돔을 아스팔트 바닥에 패대기쳤다. 항의 의사를 전달하는 퍼포먼스의 일환이었다. 피를 흘리며 고통을 표출하던 방어와 참돔은 끝내 죽고 말았다. 한 동물권 단체는 협회 관계자를 동물보호법 위반 행위로 고발했고, 경찰은 혐의를 인정하여 기소 의견으로 사건을 검찰에 송치했다. 서울남부지방검찰청은 2022년 5월, 해당 사건에 대해 '혐의 없음' 처분을 내렸다. '방어와 참돔은 식용으로 양식·유통되는 어류이고, 집회에 사용된 물고기도 식용 목적으로 수입되었기 때문'이라는 이유에서였다. 동물보호법은 법이 보호하는 동물에 대해 "고통을 느낄 수 있는 신경체계가 발달한 척추동물로서 포유류, 조류, 파충류, 양서류, 어류"라고 정하면서도 파충류, 양서류, 어류에 한해서 '식용을 목적으로 하는 것'은 그 대상에서 제외하고 있다.*

하지만 집회에서 사용된 방어와 참돔은 '먹기 위한 어류'가 아니었다. 그동안 인간이 '먹어온' 어류이긴 했어도, 그 장소에 있던 그들은 단지 내던져지기 위해 동원된 생명이었다. 먹기 위해 어류를 죽이는 행위와 먹지 않을 건데도 어류를 죽이거나 고통을 주는 행위는 분명히 구분된다. 둘은 법적인 의미에서도, 또 상식적으로도 매우 다르다. 검찰 처분에 따른다면, 식용으로 이용될 수 있는 모든 어류—물론 이 정의 역시 분명치는 않다—는 어떤 잔혹한 행위를

---

* 기존 법(제2조 제1호) 및 시행령(제2조)에 명시된 내용이며, 개정 동물보호법에서도 해당 내용엔 변화가 없다. 최근 입법 예고된 동물보호법 시행령(안) 역시 기존과 동일한 규정을 두고 있다.

당하더라도, 심지어 재미로 죽임을 당하더라도 법의 보호를 받을 수 없는 것이다. 이런 결론을 과연 합당하다 할 수 있을까?

검찰의 관용적인 태도도 문제지만, 그에 앞서 '동물'의 범위를 애매모호하게 규정한 법 조항이 더 큰 문제다. 동물보호법은 동물의 생명 보호, 안전 보장과 복지 증진을 목적으로 하는, 동물 보호의 근간이 되는 기본법이다. 그럼에도 법은 동물을 정의하는 단계에서부터 식용 목적의 동물은 제외하는 식으로 합당한 이유 없이 그 범위를 축소시켰다. 이렇게까지 범위를 좁혀놓지 않더라도 낚시나 어류를 먹는 행위가 처벌되지 않을 텐데도, 또 추가로 예외 조항을 마련할 수 있었음에도 '식용 목적' 여부를 기준으로 법의 보호를 받을 수 있는 동물과 그럴 수 없는 동물을 나눠놓은 것이다.

더 큰 문제는 식용 '목적'이라는 개념이 주관적이고 임시적이라는 데 있다. 이는 법이 적용되는 기준을 불분명하게 만든다. 예컨대 낚시 카페에서 오락을 위해 낚시로 잡은 물고기를 돌연 먹게 된다면 위 물고기는 식용 목적의 어류인가, 아닌가? 내내 야생에서 살다 포획되어 횟집 수족관에 갇힌 물고기는 식용 어류인가, 아닌가? '식용을 목적으로 하는'이라는 개념은 이렇듯 임의적이다. 관상용으로 길러지는 물고기로 또 다른 예를 들어보겠다. 관상용 물고기는 말 그대로 식용이 아니므로 법의 보호 대상이다. 하지만 어느 날 기르던 사람이 관상용 물고기를 잡아먹는다면 그를 그때부터 '식용 목적의 물고기'로 정의할 수 있을까? 이 같은 모호성 탓에 학대 행위자는 애초에 식용을 목적으로 죽인 것이 아님에도 언제든 "식용이 목적이었다"고 주장해 법망을 피할 수 있다. 앞 글에 등장한 개장수가 자신이 팔아넘긴 개는 '반려동물'이 아닌 '식용 동물'이었다고 주장한 것도 이와 비슷한 맥락에서 이뤄진 발언임을 다시금 떠올려볼 수 있다.

여기서 우리는 식용 목적 여부를 따지는 일을 떠나, 더 근원적인 질문을 던져볼 수 있다. '식용 파충류·양서류·어류는 어떤 방법으로 고통을 받든, 언제, 어떻게 죽임을 당하든 상관없는가?' 현재 법의 답변은 이렇다. 어차피 먹힐 동물이라면 어떻게 쓰이든, 어떠한 고통을 받든 '문제없다'. 그렇다면 나는 다시 한번 질문을 던져본다. 어류를 먹는 식습관이 이러한 결론까지 정당화할 수 있는가? 어류도 고유한 이익을 가진 생명체다. 자극을 느끼고 지각이 있기에 고통을 피하고 싶어한다.* 2009년 유럽연합 집행위원회The European Commission는 "물고기는 지각 있는 생물sentient beings이며 죽을 때 고통을 느낀다는 사실을 증명하는 과학적 증거가 충분하다"고 선포한 바 있다.[36] 즉, 식용 어류라 할지라도 먹을 목적이 아닌 이유로 학대하는 것은 금지되어야 하며, 식용을 위해 죽여야 할 때에도 운송, 도살 등의 과정에서 그 고통을 최소화하기 위한 조치가 취해져야 한다.

우리와 마찬가지로 어류를 먹고 낚시도 즐기지만, 어류 등 척추동물은 물론 무척추동물에까지 동물보호법을 적용하는 나라들이 있다. 동물권 의식이 높은 스위스에서는 척추동물뿐만 아니라 일부 무척추동물(게, 바닷가재 등 십각목)도 도살 전 기절시켜야 하며, 이

---

* 물고기도 사회생활을 하며 장소와 개체를 기억한다. 청소놀래기는 거울에 비친 자신의 모습을 인지하고 몸에 찍힌 낯선 점을 보고 반응한다.

것이 불가능할 때에는 해당 동물의 고통과 두려움을 최소화할 수 있는 모든 조치를 이행하도록 하고 있다. 동물별 기절 방법도 상세히 나뉘어 있다. 예컨대 어류는 두부 타격, 통전 등의 방법으로 즉각적으로 의식을 소실시켜야 한다.[37] 뉴질랜드 동물복지법도 무척추동물까지 동물의 범위에 포함하며,[38] 영국 또한 2022년 '모든 척추동물'을 보호 대상으로 하던 동물복지법 적용 범위를 갑각류, 두족류 등 무척추동물로까지 확대했다.[39] 한편, 동물복지에 대한 기본 원칙을 제시하는 세계동물보건기구OIE는 양식 어류에 대한 운송, 기절, 도살법 등에 대해 구체적인 기준을 제시하며, 유럽식품안전청 EFSA도 과학적 근거에 기반하여 어류의 불필요한 고통과 스트레스를 줄이기 위한 여러 정책적 의견을 내놓고 있다.[40]

입법도 물론 중요하지만, 내가 더욱더 강조하고 싶은 것은 우리나라에서 아직 코웃음 치고 마는 가치―물고기, 바닷가재, 문어의 고통과 복지 같은―가 다른 많은 나라에서는 과학적, 정책적, 사회적으로 진지하게 논의되고 있다는 사실이다. 동물 보호에 대한 나라별 정책 차이는 있을 수 있지만, 생명체의 고통을 이해하고 이를 줄이려는 노력은 지구에 사는 모든 인간에게 부여된 의무다. 이를 실천하고자 고민하는 일이 '인간의 일이 아니기에' 사소하거나, '어차피 모두가 죽이고 먹으며 살기에' 유별난 일로 취급되어선 안 될 것이다.

물론 동물이 인간의 도움만을 기다리는 수동적 존재는 아니다. 대표적인 무척추동물인 문어는 상황을 인지하고 사람과 교감하는 능동적, 독립적 개체다. 넷플릭스 다큐멘터리 「나의 문어 선생님」을 보면 문어에 대한 놀라운 사실들을 알게 된다. 그들은 기억력이 좋고 논리적으로 생각하며 스스로 학습한다. 도구를 만들며 놀이를 즐기기도 한다. 잠수부를 알아보고 장난을 걸어오는 이 생명체와 특별한 관계를 맺어가는 사람의 이야기를 보고 있노라면 누구든 문어와 사랑에 빠질 수 있으리라 생각하게 된다. 『문어의 영혼』의 저자 사이 몽고메리도 "문어는 인간 역시 개체라는 사실을 알아차린다. 어떤 사람은 좋아하지만 어떤 사람은 싫어한다. 게다가 자신이 알고 신뢰하는 사람들은 다르게 대한다"고 적었다. 생김새, 척추의 유무, 주 생활 무대는 다르지만 정교한 뇌로 사리를 분별할 수 있다는 점에서 인간과 문어는 크게 다르지 않다. 지력 유무를 떠나서도 생명은 그 자체로 존중받아 마땅하다. 우리는 언제쯤 이들을 '있는 그대로' 인정하며 공생할 수 있을까? 인간이 동물을 먹는다는 사실이 인간이 동물에게 어떠한 고통을 가해도 상관없다는 주장까지 정당화해주진 않는다. 집회할 권리, 자유롭게 의견을 표할 권리가 동물 학대 행위를 정당화할 수도 없다. 동물권에 앞설 수도 없을 것이다.

개 식용과 거래는 왜 금지되어야 하는가

제목에 대한 답을 바로 내놓는다. 우리나라에서 개 식용 문화가 사라지면 이와 엮인 수많은 문제가 해결될 수 있기 때문이다. 이를 이해하기 위해서는 먼저 개를 먹는 행위가 야기하는 문제들을 살펴봐야 한다.

개는 대표적인 반려동물이다.* 개는 가축의 '도살'을 규율하는 축산물위생관리법에서는 가축에 해당되지 않지만, 가축의 '사육'을 규율하는 축산법에서는 가축에 해당된다.** 누군가의 가족인 개가 가축이기도 하고, 가축이 아니기도 한 것이다. 법 규정의 이러한 모순 탓에 개 농장을 운영하거나 개를 거래하는 건 가능하지만, 개를 도살하는 행위는 축산물위생관리법 및 동물보호법 위반에 해당된다.***

개 농장의 사육 환경과 도살 행위는 내가 목격한 동물 학대 장면 중 잔인한 걸로는 세 손가락 안에 꼽힌다. 오로지 농장주의 편의와 비용 효율화를 위해 동물들은 발이 땅에 닿지 않는 뜬장****에서 사육되고, 끓이지도 않은 음식물 쓰레기를 급여 받는다.***** 막 새끼를 낳은 어미 개와 새끼들에게도 최소한의 도의적인 대우를 하지 않는다. 열악한 사육 환경에서 개들은 극도의 스트레스를 받고 질병에 걸리지만, 어차피 곧 죽을 운명이라는 이유로 치료도 받을 수

---

*   통계청의 2020 인구주택총조사에 따르면, 국내 반려동물 양육 가구는 312만 9000가구(전체 가구 중 15퍼센트)이며 이 중 242만 3000가구, 즉 77.4퍼센트가 개를 기른다.

**   축산법 제2조 제1호, 같은 법 시행령 제2조. 축산법이 정하는 가축에서 개가 제외되어야 법적 통일성을 가져올 수 있다.

***   축산물위생관리법상 가축이 아닌 개를 합법적으로 도살할 근거는 없으며, 동물보호법 제10조에 따라 정당한 사유 없이 동물을 죽음에 이르게 하는 행위 또는 잔인한 방법으로 죽음에 이르게 하는 행위는 금지된다.

****   사방을 철조망으로 엮어 배설물이 아래로 떨어지도록 만든 장欌으로, 바닥이 땅에서 떨어져 있는 모양새에서 비롯된 명칭이다.

***** 이는 폐기물관리법 및 사료관리법에 위반되는 행위다.

없다. 개를 생명이 아닌 물건, 식재료로 보기에 가능한 태도다. 이는 명백한 동물권 침해 행위이며, 당연히 불법이다.* 개 농장의 개들은 투견으로 살다 죽기도 하고, 암암리에 실험용으로 넘겨지기도 한다. '산업용'으로 사육되는 개들은 법률상 반려동물에 속하지 않고 동물 등록 대상도 아닌 탓에 학대를 당하더라도 그 빈도와 규모 등 자세한 현황을 파악하기 어려운 실정이다. 개 농장의 열악한 환경에서 학대받던 개가 관리 소홀을 틈타 농장을 탈출해 행인을 물어 죽인 사고가 일어난 적이 있다. 여러 증거를 통해 농장주를 찾아낼 수 있었지만, 애초에 그 개가 동물 등록이 되어 있었더라면 그를 더 신속히 특정할 수 있었을 것이다.

개를 식용 목적으로 거래하는 일은 짧은 목줄에 묶여 비참한 삶을 사는 '마당 개'를 늘리는 데 일조하기도 한다. 개를 돌볼 의지도 없고 동물 등록도 일부러 회피하는 이들은 개장수에게 팔아버릴 요량으로 어딘가에서 어린 개를 계속 데려온다. 개가 많을수록 벌이가 늘어나기에 중성화 수술도 시키지 않는다. 정부가 마당 개의 복지를 개선하겠다고 밝히기도 했지만 개 식용 및 관련 거래가 근절되지 않는 이상 마당 개의 궁극적인 복지는 결코 달성될 수 없다. 한편 반려견 오선이를 탕제원에 넘겨 죽게 만든 일명 오선이 사건, 식용 목적

---

* 모든 동물 보호자—반려동물 보호자에게만 해당되는 게 아니다—는 동물에게 적합한 사료, 깨끗한 물, 더위와 추위를 피하고 휴식할 수 있는 환경을 제공해야 하며, 동물이 질병에 걸린 즉시 수의학적 처치를 받도록 해야 한다. 농장주가 합당한 사유 없이 동물을 열악한 환경에 방치해 고통을 주거나 상해를 입히거나 죽게 하는 행위 등은 동물보호법 위반 행위다.

으로 집 잃은 개의 털을 태우고 몸을 해체해 죽인 사건 등 보호자 잃은 개를 절도해 잡아먹거나, 도살장에 팔아버리는 사건은 실제로도 일어난다.[41] 개를 먹지 않는 사회였다면 존재하지 않았을 죽음이다.

이외에도 가축 분뇨 배출 시설을 설치하지 않은 개 농장이 야기하는 환경오염,* 개 농장에서 길러지는 개들의 고통을 목격하는 이들의 충격과 스트레스, 개 식용을 둘러싼 갈등도 모두 개를 먹기에 치러야 하는 사회적 비용이다.

도살장의 개들은 살아가는 동안 누적되는 고통에 더해, 죽는 과정에서도 큰 고통을 받는다. 많은 농장주가 마취와 같이 동물의 의식을 소실시키는 어떠한 사전 조치도 취하지 않고 개를 도살하기 때문이다. 전기가 흐르는 쇠꼬챙이를 사용해 통전시키거나 망치와 같은 둔기로 타격하는 등 죽기 직전까지 동물에게 극도의 공포와 고통을 가하는 것이다. 심지어 이런 행위는 다른 개들이 보는 앞에서 버젓이 행해진다. 법이 '같은 종류의 다른 동물이 보는 앞에서 죽음에 이르게 하는 행위'를 금지하고 있는데도 말이다.[42]

타이완은 2017년 동물보호법 개정을 통해 개와 고양이의 식용을 금지했다. 중국 일부 주에서도 개와 고양이를 먹던 관행을 법으로 막았다. 우리나라에서도 이와 같은 움직임이 없었던 건 아니다. 2020년 12월 한정애 더불어민주당 의원 등이 개, 고양이의 식용 목

---

*　농장 면적이 60제곱미터를 넘으면 분뇨 배출 시설 설치 신고를 해야 하며, 이를 위반할 경우 1년 이하의 징역 또는 1000만 원 이하의 벌금에 처해진다 (가축분뇨법 제11조, 제50조).

적 도살 및 거래를 금지하고 관계 업자에게 폐업 및 업종 전환 등을 지원하는 내용을 담은 동물보호법 개정안(의안번호 2107035호)을 발의하긴 했다. 통과되지 못했을 뿐이다.

개를 먹는 이들은 소, 돼지, 닭은 먹으면서 개는 먹지 말자는 주장의 이중성을 지적하거나, '먹는 것을 법으로 제한해선 안 된다' '과거의 식습관과 문화는 존중되어야 한다'는 주장을 내세운다. 한 단체는 개 식용에 찬성—애초에 가로막힌 적도 없었다—하는 기자회견을 열고, 개고기 시식 퍼포먼스를 하기도 했다. 우리나라에서 개 식용이 이처럼 '문화'로 자리 잡을 수 있었던 배경에는 그릇된 보신 신화가 있다. 우리는 '몸에 좋다'고만 하면 개는 물론이고 뱀, 고라니, 노루 등 야생동물도 포획해 먹고 마시는 모습을 흔히 볼 수 있다.* 개고기가 다른 육류에 비해 영양학적으로 특별히 뛰어나다고 할 근거가 없는데도,⁴³ 또 비위생적 환경에서 살다가 도살된, 항생제가 과다하게 투여된 개고기가 '안전한 식품'일 수 없는데도 말이다.

물론 개를 먹는 게 당연하지 않듯 소를 먹는 것 역시 당연하지 않다. 동물권 보호의 관점에서 어떤 목적으로든 동물을 이용하는 행위는 지양되어야 한다. 다만 사람들에게 당장 '소, 돼지, 닭'을 먹지 말자고 주장할 순 없다. 그런 주장은 메시지만 강력할 뿐 설득력은 떨어진다. 현재의 식문화를 감안한, '그들이 살아 있는 동안만이라

---

* 불법 포획된 수많은 동물은 조리 과정에서 대체로 비위생적으로 '처리'된다. 그렇게 섭취하는 혈액과 고기는 오히려 각종 기생충, 바이러스를 전파할 수 있는 것으로 알려져 있다.

도 공장식 축산 환경이 아닌 더 나은 환경에서 살 수 있도록 하자'는 타협안이 더욱 실효성 있는 주장이다.

육식에서 벗어나자는 주장은 먹는 종을 줄이는 동시에 먹는 양을 줄이자는 것이다. 개라는 종의 사회적 위상과 다수가 반려동물로 개를 기르는 현실, 이에 대한 사람들의 정서를 고려할 때, '우선' 개를 먹지 말자는 주장은 결코 과도하지 않다. 오히려 개개인이 지금 당장 실천할 수 있는 즉각적이면서도 일상적인 동물권 보호 방법이다. 대법원도 "특정 동물에 대한 그 시대, 사회의 인식은 해당 동물을 죽이거나 죽음에 이르게 하는 행위 자체 및 그 방법에 대한 평가에 영향을 준다"면서, 동시대 사람들의 인식을 도살의 적합성을 판단하는 기준으로 고려하고 있다.[44] 이렇듯 개와 인간의 관계가 점점 더 가까워지는 현실을 감안할 때, 오늘날의 개 식용은 이어나가야 할 전통문화라기보다는 지양되어야 할 폐습이다.[45]

우리나라에서 개는 가장 널리, 가장 많이 사랑받는 동물이지만, 반대로 그만큼 많은 차별을 받고 있는 동물이기도 하다. 여타 축산동물에 대해서는 도축 시 고통을 최소화할 수 있는 방법이 법에 규정되어 있는 반면, 그보다 더 열악한 환경에서 살다 고통스럽게 도살되는 개의 현실은 법적으로나 사회적으로 외면당하고 있다. 게다가 반려견과 식용견이 다르다는 차별적 주장도 존재한다. 인간의 '이용 방식'에 따라 사랑받는 개와 먹을 수 있는 개가 나뉜다는 발상이다. 하지만 먹히기 위해 태어나는 동물은 없으며, 누군가의 명명으로 식용견이 되었을지라도 그 사실이 그를 '먹어도 좋은 개'이도록 하진 못한다. 이러한 비논리적 구분 짓기는 개를 더욱 마음 편히

먹기 위한 이들의 합리화에 불과하다.

　동물을 사랑하는 순수한 마음을 가진 한 지인은 사비로 개 농장에서 구조된 개들을 임시 보호하다 입양을 보내고 있다. 그는 누구보다 이런 활동을 관두고 본인만의 인생을 살고 싶어한다. 그러나 고통받는 개들을 보면 차마 외면할 수 없다고 했다. 그를 더욱 힘들게 하는 건 구조하고 또 구조해도, 입양을 보내고 또 보내도 밑 빠진 독처럼 착취당하는 개가 계속해서 발견되는 현실이다. 그는 한숨을 내쉬며 내게 물었다. "정말 우리나라에서 개를 먹는 문화가 없어지긴 할까요?"

　"네, 그날은 분명히 옵니다."

　나도 모르게 이런 대답이 나왔다. 진짜로 그러리라 믿어서였는지, 단지 그에게 힘을 주고 싶어서였는지는 모르겠다. 다만 우리나라에서도 동물권 감수성이 점차 높아지고 있기에, 또 동물권 감수성과 개 식용 문화는 공존할 수 없기에, 내 대답에 근거가 아예 없다고도 할 수 없다.

　이 문제를 해결할 궁극적인 키를 쥐고 있는 입법부와 정부는 동물복지 전반을 강화하겠다는 목표와 계획을 밝히면서도 개 식용 금지 문제만큼은 '사회적 합의'에 맡긴 채 슬그머니 뒤로 빠져 있다. 그러나 그 산업에 종사하는 사람들이 있고, 개고기 먹는 사람들이 존재하는 한 무난하고도 원만한 사회적 합의란 있을 수 없다. 입법부와 정부가 의지를 갖고 결단을 내려야만 하는 이유다.

2부

동물과 인간의 더 나은 관계 맺기: 새로운 동물법

새로운 동물법 1. 동물보호법

2022년 4월 26일, 동물보호법이 11년 만에 '전면 개정'되었다.*
그동안 동물은 인간에게 정서적 만족을 제공하며 인간의 생산과 이
동을 돕는 대상, 혹은 식량 그 자체였다. 하지만 동물을 기르는 사람
이 늘어나고, 동물권에 대한 국민들의 인식도 점차 높아지면서 독립
적 주체로서의 동물의 삶을 법이 온전히 보장하지 못한다는 비판이
생겨났다. 동물 삶의 질적 향상을 이뤄내야 한다는 주장과 함께, 그
에 걸맞은 새로운 동물법**의 필요성이 부상한 이유다.

그렇게 21대 국회의원들이 시민, 동물권 단체, 법률가, 관련 업계
종사자 등 각계의 의견을 수렴해 발의한 개정안은 법무부 등 관계
부처의 조정을 거쳐 국회 본회의를 통과하게 됐다. 직전 20대 국회

---

*   우리나라 동물보호법은 1991년 제정된 이후 지금껏 2007년과 2011년, 두
        번의 전면 개정을 거쳤다.

**   실무상 동물보호법, 야생생물 보호 및 관리에 관한 법률, 동물원 및 수족관의
        관리에 관한 법률 등은 동물법이라 불린다.

에서도 동물 학대에 해당되는 행위의 범위를 대폭 넓히고 학대 행위자의 동물 소유를 제한하는 등의 내용을 담은 동물보호법 개정안이 발의되긴 했지만* 끝내 통과되지 못했고, 훌륭한 개정안들은 회기 만료로 폐기됐다. 이번 개정도 동물들의 처우 개선을 요구하는 시민들의 목소리, 국회의원들의 관심, 관련 부처가 보인 개선 의지 및 의견 조율에의 노력이 어우러진 덕에 어렵사리 이뤄질 수 있었다. 새로운 동물보호법 조항은 기존 47개에서 101개로 그 수가 대폭 늘었고, 다음과 같은 변화가 이루어졌다.**

금지되는 학대 행위 보완, 동물 소유자의 사육·관리 의무 개선

(제10조 제4항)

개정법은 보호자가 사육·관리 의무(무더위, 한파 등을 피할 수 있는 적절한 사육 공간 및 먹이를 제공할 의무, 위생·건강을 관리할 의무 등)를 위반해 동물이 질병을 얻거나 상해를 입으면 처벌하도록 규정한 기존 법에서 좀더 나아가, 그러한 돌봄 의무 위반으로 동물이 죽음에 이르는 경우에도 처벌될 수 있다는 점을 더욱 명확히 했다.

---

* 의안번호 2001995호, 의안번호 2013958호 등. 그중 전자는 동물보호법의 목적 개정, 금지되는 동물 학대 행위의 범위 확대, 피학대 동물에 대한 긴급 격리조치권 강화, 동물 학대 행위자의 동물 소유 제한, 동물 학대 행위 처벌 체계화 등 기존 동물보호법의 문제점을 대폭 수정하는 전면 개정안에 가까운 개정안이었다. 게다가 여야를 통틀어 64명의 의원이 발의에 참여하기도 했다.

** 이하 소개하는 개정법 내용은 2023년 4월 27일부터 시행되며, 2024년 4월부터 시행되는 내용은 별도로 기재했다.

보호자가 동물을 방치해 죽게 하는 행위는 기존 법—고의로 사료 또는 물을 주지 아니하는 행위로 인하여 동물을 죽음에 이르게 하는 행위(제8조 제1항 제3호) 또는 정당한 사유 없이 죽음에 이르게 하는 행위(제8조 제1항 제4호)—으로도 처벌할 수 있었지만, 개정법은 여기에 더해 '보호자의 전반적인 돌봄 의무 위반 행위'로까지 위반 행위의 범위를 더욱 확대했다. 아울러 학대의 결과로 동물이 상해를 입는 경우와 사망하는 경우를 나누어 규정함으로써 조문을 좀 더 체계화했다.

또 보호자의 사육·관리 의무 내용을 일부 개선해, 개를 목줄에 묶어 기를 경우 그 길이를 2미터 이상으로 하도록 했고, 부득이한 사유(동물의 습성 등) 없이 빛이 차단된 어두운 공간에서 장기간 기르는 것을 금지했다. 동물의 사육 공간이 보호자가 거주하는 곳으로부터 멀리 떨어져 있는 경우 동물의 위생, 건강 상태를 정기적으로 관찰하도록 하는 내용도 추가됐다.[1]

동물을 학대한 소유자의 '사육계획서' 제출 의무, 동물 검사 의뢰, 형벌과 수강 명령 등의 병과 조항 신설(제39조, 제41조, 제100조 등)

기존 동물보호법은 보호자가 동물을 학대할 경우 지방자치단체가 이를 격리하여 보호하도록 규정하면서도, 3일이라는 보호 기간이 지나면 보호자에게 동물을 반환할 수 있도록 했다. 이에 대해 '3일'이라는 기간이 너무 짧다는 비판과 함께 학대 재발을 막을 수 있는 근원적인 조치가 아니라는 지적이 나왔다.

개정법은 보호 기간을 최소 5일로 늘리면서, 보호 기간이 지난

후 학대 행위자가 동물 반환을 요구할 시, 향후 동물을 어떻게 돌볼 것인지 그 이행 계획을 담은 사육계획서를 제출하도록 했다. 이 같은 신설 조건을 통해 무분별한 반환을 막고 보호자에게 책임의식을 심겠다는 것이 개정법의 의도다. 다만 신설된 절차가 형식적 절차에 그치지 않도록 제출된 계획서가 재발 방지에 실효를 갖는 실제적 개선 계획을 담고 있는지, 계획 이행 여부가 지켜지고 있는지를 꼼꼼히 점검하려는 노력도 뒤따라야 할 것이다.

동물 검사 의뢰 조항도 신설됐다. 기존에는 학대로 동물이 죽거나 다치더라도, 그 인과―동물의 상해나 사망이 학대 행위로 인한 것인지―를 증명할 수 있는 절차나, 검사를 거쳐야 한다는 법적 근거가 없었다. 이러한 미비점은 수많은 동물 학대 사건이 증거 불충분으로 불기소처분되는 결과를 낳았다.

이를 극복하고자 새로운 동물보호법에는 동물 검사 의뢰 조항이 추가됐다. 이로써 신고인이나 지자체는 전문 기관(농림축산검역본부나 시·도 동물위생시험소 등)에 부검, 진단 등 동물의 사인을 파악할 수 있는 동물 검사를 의뢰할 수 있게 되었다. 이에 따라 동물 학대 범죄에 대한 증거 수집이 더 활발히 이뤄질 것으로 기대되며, 학대 행위자가 증거 없음을 무기로 법망을 빠져나가는 부조리도 막을 수 있을 것으로 보인다.

재범률을 더 확실히 낮추기 위해 개정법은 유죄를 선고받은 학대 행위자에 대해 교육 및 심리 치료를 받도록 명령할 수 있게 했다.* 이

---

* 실제로 2020년 경찰청 조사에 따르면 선도 프로그램을 이수한 청소년의 재

에 법원은 행위자에게 형사 처벌을 내리는 것에 더해, 200시간이라는 범위 내에서 재범 예방에 필요한 프로그램을 이수하도록 할 수 있다. 학대 행위자는 동물 학대 행동에 대한 진단과 그에 따른 상담을 받게 되며, 보호자로서 갖춰야 할 기본 소양도 익히게 된다.

맹견의 범위 확대, 맹견 소유자의 책임 강화, 기질평가제 도입

(제17조~제29조 등)

맹견*에 의한 물림 사고, 한번쯤 들어봤을 것이다. 개를 기르는 보호자들에게 부과되는 관리 의무가 잘 지켜지지 않는 데다, 기존 법이 정하는 맹견(도사견, 아메리칸 핏불테리어, 아메리칸 스태퍼드셔 테리어, 스태퍼드셔 불테리어, 로트와일러와 각 그 잡종의 개)을 국내에 반입하거나 기르는 데 있어 특별한 규정이 없는 탓에 사고는 잊을 만하면 재발했고, 그때마다 비난의 화살은 오직 동물에게로 향했다. 맹견의 수입 등을 제한하는 독일의 법률이나 맹견 보호자에게 높은 주의의무를 지우는 영국의 '위험한 개 법Dangerous Dogs Act' 등을 참고해 국내법을 개정해야 한다는 요구가 나온 배경이다. 동시에 위 5종의 맹견에 속하지 않는 개들로부터도 사고가 발생하는 현실을

법률은 21.5퍼센트로, 이수하지 않은 청소년(30.5퍼센트)보다 9퍼센트포인트나 낮았다.

* 1. 도사견, 아메리칸 핏불테리어, 로트와일러 등 사람의 생명이나 신체 또는 동물에 위해를 가할 우려가 있는 개로서 농림축산식품부령으로 정하는 개, 2. 사람의 생명이나 신체 또는 동물에 위해를 가할 우려가 있어 시·도지사가 맹견으로 지정한 개(개정법 제2조 제5호).

고려해 맹견의 범위를 넓혀야 한다는 지적도 있었다.

　개정법은 우선 맹견을 수입하려는 사람은 맹견의 품종, 수입 목적, 사육 장소 등을 농림축산식품부장관에게 신고하도록 했다.* 맹견을 기르려는 사람은 동물 등록, 책임보험 가입 및 맹견에 대한 중성화 수술을 마친 뒤 시·도지사에게 맹견 사육 허가를 받아야 한다.** 시·도지사는 허가 전 기질평가위원회***가 시행하는 기질평가 결과를 확인해야 하며, 그에 따라 위험 발생 우려가 크다고 평가되면 해당 맹견의 사육을 불허해야 한다. 이 경우 위원회의 심의를 거쳐 안락사를 명할 수도 있다.

　특히 시·도지사는 '맹견은 아니지만 사람이나 동물에게 위해를 가한 개(사고견)'도 기질평가를 받도록 명할 수 있게 되었다. 이에 따라 공격성이 높다고 판단된 사고견은 기존 맹견 5종에 속하지 않더라도 맹견으로 지정된다(해당 개가 맹견으로 지정되지 않더라도 보

---

* 　위반 시 300만 원 이하의 과태료가 부과된다.
** 　위반 시 1년 이하의 징역이나 1000만 원 이하의 벌금으로 처벌될 수 있다. 개정법 시행일(2024년 4월 27일) 당시 맹견을 기르고 있는 사람은 시행일 후 6개월 내에 허가를 받아야 한다. 단, 미성년자, 피성년후견인이나 피한정후견인, 정신질환자, 마약류 중독자, 동물 학대를 하거나 맹견에 대한 관리 의무를 위반하여 벌금 이상의 실형을 선고받고 그 집행이 종료되거나 집행이 면제된 날부터 3년이 지나지 않은 사람 또는 벌금 이상 형의 집행유예를 선고받고 그 기간 중에 있는 사람은 맹견 사육 허가를 받을 수 없다(제19조).
*** 　동물의 행동과 발달 과정에 대한 학식과 경험이 풍부한 수의사, 반려동물 행동 지도사, 동물복지 정책에 대한 학식과 경험이 풍부하다고 시·도지사가 인정하는 사람 등이 이에 위촉되며, 위원장 한 명을 포함해 총 세 명 이상의 위원으로 구성된다.

호자에게 교육 이수나 개의 훈련을 명할 수 있다). 사고견이 맹견으로 지정되면, 맹견 보호자에게 적용되는 모든 법적 의무가 해당 보호자에게도 적용된다.*

기존 법의 보호자의 관리 의무는 개정법에서도 그대로 이어진다. 보호자는 외출 시 맹견에게 목줄과 입마개 등 안전 장치를 착용시켜야 하고, 맹견이 어린이집, 유치원, 초등학교 등 일정 장소에 출입할 수 없도록 해야 한다. 또 정기적으로 교육을 받아야 하고, 개 물림 사고에 대비해 책임보험에 가입해야 하며, 맹견이 보호자 없이 기르는 곳에서 벗어나지 못하게 해야 한다.** 맹견이 타인의 신체에 피해를 입히면 지자체는 개를 보호자로부터 격리할 수 있다. 이처럼 개정법상 맹견을 수입하고 기르는 조건이 한층 더 까다로워짐에 따라 국내에서 맹견을 기르는 일은 더욱 조심스러워질 것으로 예상된다.

하지만 처벌에 대한 한계 역시 존재한다. 실제 개 물림 사고가 발생하면 보호자는 동물보호법상 처벌***을 받게 되는데, 이때 사고견도 안락사될 수 있다(물론 이때 안락사는 기질평가 이후 이뤄진다). 이에 대한 내용은 뒤에서 더욱 자세히 다룰 것이다.

---

*　이상으로 언급된 맹견 관련 내용은 2024년 4월 27일부터 시행된다.
**　위 내용을 위반하면 300만 원 이하의 과태료가 부과된다.
***　목줄 착용 등 외출 시 관리 의무를 위반해 사람에게 상해를 입힐 경우 2년 이하의 징역 또는 2000만 원 이하의 벌금에, 사람을 사망케 할 경우 3년 이하의 징역 또는 3000만 원 이하의 벌금에 처해질 수 있다(제97조 제1항, 제2항).

반려동물 관련 영업 관리 강화(제69조~제85조, 제97조 등)

이윤 추구를 위해 동물권을 빈번하게 침해했던 펫 숍 등 반려동물 관련 영업자에 대한 규제가 더 강화된다. 개정법은 그동안 등록만 하면 영업할 수 있었던 반려동물 수입업, 판매업, 장묘업에 대해 앞으로는 허가를 받도록 규제했다. 반려동물 생산(번식)업만 지자체의 허가를 받아야 했던 기존 법에서 한발 더 나아간 것이다.* 맹견을 생산, 수입, 판매하려면 '맹견취급허가'를 별도로 얻도록 했다. 한편, 반려동물 전시업, 위탁관리업, 미용업, 운송업은 기존과 마찬가지로 등록제로 운영된다.

처벌 수위도 높였다. 기존에는 판매업자 등 영업자가 무허가, 무등록 상태로 영업하더라도 500만 원 이하의 벌금형에 처해지는 게 전부였다. 벌금이 낮은 만큼 처벌의 실효가 없었던 게 사실이다. 개정법에서는 이와 같은 행위가 발각되면 각각 2년(무등록은 1년) 이하의 징역 또는 2000만 원(무등록은 1000만 원) 이하의 벌금에 처하는 한편, 영업장이 폐쇄될 수도 있다. '동물 판매' 자체를 금지하는 데까지 이르진 못했어도 법이 요구하는 기준에 따른 허가도 받지 않은 채 영업하는 업장을 퇴출시킬 수 있는 길은 놓인 것이다.

또 동물생산업, 수입업, 판매업자는 동물의 거래 내역을 지자체

---

* 2016년 SBS 「동물농장」이 반려동물 생산 업장(일명 강아지 공장)의 열악한 환경, 무자격자에 의한 수술, 과도하게 짧은 생산 주기 등 동물복지 침해 현실을 조명한 이후 생산업에 대한 규제 강화 목소리가 높아졌으며, 이듬해인 2017년 3월 동물생산업은 기존의 등록제에서 허가제로 전환되었다.

에 신고해야 하고, 등록 대상 동물*을 판매할 때는 구매자 명의로 동물 등록을 신청한 후에만 판매할 수 있다. 이렇게 하면 동물 거래 이력이 관리됨에 따라 유기 및 유실되는 동물이 조금은 줄어들 것이다. 반려동물 영업을 둘러싸고 소비자(판매업의 경우 동물 구매자, 장묘업의 경우 장묘 의뢰자)와 영업자 간에 계약상 분쟁이 자주 발생함에 따라, 건전한 거래 질서 확립을 위해 법은 농림축산식품부장관으로 하여금 공정거래위원회와 협의해 표준계약서를 만들고 영업자에게 이를 사용하도록 권고할 수 있게 했다.

개정법은 기존 시행규칙이 정하던 영업자의 준수 사항 중 일부를 법률로 규정하면서(제78조 등), 그 위반에 대한 제재 조항을 대폭 신설했다. 대표적으로, 동물생산업자가 12개월령 미만의 개·고양이를 교배, 출산시키거나 인위적으로 발정을 유도하면, 또 동물장묘업자가 살아 있는 동물을 처리하면 각각 500만 원 이하의 벌금으로 처벌할 수 있도록 했다. 동물판매업자가 2개월령 미만의 개·고양이를 판매하면 300만 원 이하의 벌금 대상이 된다. 또 업자는 영업장의 시설·인력 기준을 따르지 않거나(500만 원 이하 과태료), 노화나 질병이 있는 동물을 유기·폐기 목적으로 거래하거나(300만 원 이하 과태료), 동물의 번식, 반입·반출 등을 기록, 관리, 보관하지 않아도 (300만 원 이하 과태료) 제재를 받는다.

---

* 등록 대상 동물은 (준)주택에서 기르거나 그 외 장소에서 반려 목적으로 기르는 월령 2개월 이상의 개뿐이지만 고양이에 대한 등록도 시범 사업으로 행해지고 있다.

사육 포기 동물 인수제 도입(제44조)

국내에서 매년 유기되는 동물의 숫자는 10만 마리가 넘는다. 그리고 그 숫자는 반려동물 양육 인구 증가와 비례해 꾸준히 늘고 있다. 맞이함과 버려짐이 동시에 늘어나는 씁쓸한 현실이다. 이처럼 유기 동물 문제는 반려 인구 증가와 한 쌍을 이루는 화두다. 이를 의식한 걸까? 개정법에 '사육 포기 동물 인수제'가 담겼다. 길거리에 버려져 죽거나 다칠 위험에 놓인 유기 동물을 줄이기 위한 목적에서 도입된 제도로, 동물을 인수해 보호하는 주체는 지자체다.

선의로 신설된 조항이지만 반대 의견도 있다. 매해 수만 마리가 버려지고, 동물 생산·판매업이 성행하며, 유기 동물 보호를 위한 인프라가 부족한 우리나라의 특성상 인수제가 다른 동물권 선진국에서처럼 성공적으로 운영되지 않으리라는 것, 도리어 제도가 무책임한 보호자의 죄책감만 덜어줄 것이라는 게 그 이유다. 그러나 인수제는 특정한 조건을 전제로 결국 도입되었다. 개정법 및 입법예고된 시행규칙(안)에 따르면, 보호자가 특수한 사정(6개월 이상의 장기 입원, 요양, 병역 복무, 재난으로 인한 주택 파손 등) 탓에 동물을 기를 수 없게 된 경우에만 동물을 인수하며, 단순 변심으로 인한 유기는 받아들여지지 않는다.

애써 만든 인수제가 유명무실화되는 걸 막기 위해서는 보호시설·인력 등의 인프라 확충과 인수 이후의 관리나 재입양 방안에 대한 구체적인 대책 마련이 뒤따라야 할 것이다. 수용 여력 부족으로 동물이 인수되지 못하거나 (인수되더라도) 센터의 포화로 끝내 안락사된다면 유기 동물을 보호하려는 인수제의 목적이 퇴색될 것이기 때문이다.

동물 보호 시설에 대한 관리 강화(제35조~제37조 등)

동물 보호 시설은 언제나 동물을 '보호'할까? 한 수의사가 어미 개에게 근육이완제를 주사한 뒤, 이어 새끼 7마리에게도 같은 약을 투여했다. 현장을 지키던 담당 공무원은 그렇게 생겨난 사체들을 마대 자루에 넣었다.[2] 이는 사설 도살장이 아닌 지자체의 위탁 유기 동물 보호소에서 버젓이 일어난 행위다. 동물을 보호해야 할 시설이 오히려 동물을 학대, 방치하고 심지어 고통사까지 일으키는 일은 비일비재하다. 국내 동물 보호 센터 대부분은 지자체에서 운영하고 있는데, 예산·인력의 한계 등을 이유로 센터 운영을 개인이나 단체에 위탁하곤 한다. 그렇게 센터를 맡게 된 이들 중 일부는 동물복지보다는 당장의 보조금만을 노리며, 최대한 적은 비용으로 동물들을 '보호'하려 한다. 보호소 개들이 권리 침해적 환경에 놓이게 되는 배경이다.

이를 감시하기 위해 개정법에는 지자체 동물 보호 센터에 대한 관리를 더 강화하는 내용이 담겼다. 동물 보호 센터 내 CCTV 설치가 의무화되며, 시설 종사자는 정기적으로 교육을 받아야 한다. 또한 영리를 목적으로 하지 않는 민간 동물 보호 시설(사설 동물 보호소)에 대한 관리 체계가 전혀 없었던 기존 법을 고쳐, 개·고양이 20개체 이상을 보호하는 민간 시설 운영자는 지자체에 신고하도록 하고, 일정한 시설·운영 기준을 따르도록 했다.* 특히 민간 시설의

---

*   이를 위반하여 신고하지 않고 보호 시설을 운영하면 500만 원 이하의 벌금

운영자가 동물 학대로 벌금 이상의 형을 선고받으면 지자체가 시설을 강제로 폐쇄할 수 있도록 했다(제38조 제2항 제2호).

그동안 안락사 규정*을 위반한 동물 보호 센터는 그 지정이 취소될 수 있었는데, 개정법은 여기서 더 나아가 위 규정에 따라 '수의사에 의한' 안락사를 하지 않은 센터장에게 300만 원 이하의 벌금형을 내릴 수 있도록 규정하기도 했다. 다만, 센터 내에서 암암리에 이루어지는 고통사가 앞선 사례처럼 수의사에 의해서도 행해진다는 점을 고려할 때 위 조항만으로는 보호소 동물들의 고통사를 완벽히 막을 수 없다. 수의사라는 행위 주체에 대한 조건에 더해, 향후 안락사 규정을 위반한 행위—안락사 요건을 충족하지 않았음에도 안락사를 하거나, 마취로 동물의 고통을 최소화하지 않고 곧바로 죽이는 행위—에 대한 형사처벌 조항도 추가로 마련할 필요가 있다.

동물실험 윤리 강화 및 동물복지 축산 농장 인증제 고도화

(제47조~제68조 등)

동물실험 과정에서의 윤리 준수 및 실험동물에 대한 복지 강화

형이 내려질 수 있다(제97조 제4항 제2호).

* 동물 보호 센터의 장은 제34조 제1항에 따라 보호 조치 중인 동물에게 질병 등 농림축산식품부령으로 정하는 사유가 있는 경우, 농림축산식품부장관이 정하는 바에 따라 마취 등을 통하여 해당 동물의 고통을 최소화하는 인도적인 방법으로 처리하여야 한다. 위 과정은 수의사가 행해야 하며, 이 경우 약제 관련 사용 기록의 작성·보관 등에 관한 사항은 농림축산식품부령으로 정하는 바에 따른다(제46조 제1항, 제2항).

의 필요성이 지속적으로 제기되면서, 개정법은 동물실험의 윤리성을 감시하는 동물실험윤리위원회의 기능을 일부 강화했다. 이에 따라 윤리위는 심의 받지 않은 동물실험이 이뤄지는 경우 즉시 실험 중지를 요구해야 하며, 이미 심의를 거친 중요 사항이 변경되는 경우(실험동물 수 확대, 동물의 변경, 실험 고통 등급의 상향 등)에도 그 내용을 다시 심의해야 한다. 윤리위원은 실험동물의 보호·복지를 고려한 세심한 심의를 위해 정기적으로 관련 교육을 이수해야 한다.

또 일정한 기준—연간 1만 마리 사용 등—이상의 실험동물을 보유한 기관은 동물의 건강과 복지를 위해 이를 전담하는 전임 수의사를 두어야 한다. 이외에도 실험 시행 기관이나 연구자가 공동으로 이용할 수 있는 공용동물실험윤리위원회가 지정·설치될 수 있는 근거가 마련되었으며, 해당 위원회가 기관 두 곳 이상이 공동으로 수행하는 실험에 대해서도 감시를 행할 수 있도록 규정했다.* 이같은 내용은 모두 기존 법에는 없던 것들로, 법의 관심 범위가 반려동물에서 실험동물로까지 확장됐다는 의의를 갖는다.

한편, 2011년 동물보호법 개정으로 동물복지 축산 농장 인증 제도**가 마련됐음에도 이에 대한 활용률이 떨어지는 현실을 개선하기

---

* 공용동물실험윤리위원회에 관한 내용은 2024년 4월 27일부터 시행된다.
** 일정 복지 기준을 충족하는 농장을 '동물복지 축산 농장'으로 인증하고 지원함으로써 동물복지에 대한 농장들의 자발적 실천을 유도해내고자 도입된 제도.

위한 내용도 추가됐다.* 개정법은 인증 갱신제(3년)를 도입하면서, 기존에 농식품부가 갖고 있었던 인증 권한을 민간 전문 기관에도 부여했다. 아울러 인증 농장에서 생산한 축산물에 '동물복지 축산물' 표시를 할 수 있도록 하는 근거 조항을 마련했다.** 또 인증 기관으로 하여금 해당 농장이 기준에 맞게 운영되고 있는지 꾸준히 감독하도록 했다.*** 이로써 동물복지 축산물에 대한 소비 증가, 그에 따른 동물복지 축산 농가의 증가와 같은 선순환을 기대해볼 수 있다.

그 외: 반려동물 전달 방법 보완, 반려동물 행동 지도사 자격 제도 도입, 동물 보호 정보의 수집 및 활용 조항 신설(제12조, 제30조~제33조, 제95조, 제101조 등)

반려동물을 다른 사람에게 전달할 때 사람이 직접 전달하거나 동물운송업 등록을 한 자를 통해 전달하도록 하고, 이를 위반하면 100만 원 이하의 과태료를 부과하는 규정이 신설됐다. 기존 법은 동일한 규제를 반려동물 '판매'업자에게만 적용해왔는데, 개정법이 그 규제 범위를 '판매 이외 목적의 이동'으로까지 확대한 것이다.

'반려동물 행동 지도사 자격 제도'도 도입됐다. 지도사 자격증은

---

* 농림축산식품부에 따르면, 2019년 기준 가축 사육 농장 중 동물복지 축산 농장 비율은 산란계 15퍼센트, 육계 5.9퍼센트, 양돈 0.3퍼센트, 젖소 0.2퍼센트에 불과하다.
** 이전에도 동물복지 축산 '농장' 표시를 할 수는 있었으나, 동물복지 '축산물' 표시를 할 수 있는 근거 조항은 따로 없었다.
*** 이 내용은 2024년 4월 27일부터 시행된다.

반려동물의 행동 분석, 평가, 훈련, 보호자에 대한 교육에 있어 전문 지식과 기술을 가진 자에게 국가가 부여하는 자격증이다. 난립하는 동물 훈련사, 사설 교육 시설의 전문성을 담보하기 위해 도입되었으며, 자격 시험을 통과하지 못한 사람은 '행동 지도사'라는 명칭을 쓸 수 없다. 개정법에 따르면 행동 지도사는 기질평가위원회 위원이 될 자격을 얻으며(제26조 제3항), 만약 행동 지도사가 동물 학대 등 위법 행위를 할 경우 그 자격이 취소·정지될 수 있다.*

농림축산식품부장관으로 하여금 '국가 동물 보호 정보 시스템'을 구축해 동물 보호 정보를 수집, 관리하도록 규정하기도 했다. 산발적으로 존재하던 정보를 국가 기관에서 통합해 관리하게 된 것이다. 여기에는 반려동물 영업자에 대한 정보, 맹견의 수입·사육 허가에 대한 정보, 기질평가를 받은 동물과 그 보호자에 대한 정보 및 농식품부의 실태 조사 등 자료가 등록된다.

새로운 동물법 2. 동물원법과 야생생물법

2022년에 동물보호법이 개정된 데 이어, 같은 해 11월에는 동물원 및 수족관의 관리에 관한 법률(동물원법)과 야생생물 보호 및 관리에 관한 법률(야생생물법)에도 큰 변화가 생겨났다.

---

*   2024년 4월 27일부터 시행된다.

동물원법에서의 변화

우리나라 동물원법은 2016년에 총 18개 조문으로 제정된 이후 의미 있는 개정이 이루어지지 못했다. 더욱이 해당 법은 동물원·수족관에서 살아가는 동물들을 보호하고 이들의 복지를 실질적으로 충족시키는 내용이 없는, 명목상의 법에 불과했다. 규정하는 내용 역시 영양분 공급, 질병 치료, 적정한 서식 환경 제공, 학대 행위 및 방치 금지 등과 같이 구체적인 사항에 대한 규제보다는 광범위하고 일반적인 것들이었다. 이처럼 미비하고 안이한 법 탓에 전시에 적합하지 않은 동물이 전시된다거나, 동물이 제대로 보호, 관리되지 못하고 병사하는 안타까운 일들이 벌어지기도 했다. 실제로 광주의 한 동물원에서는 2016년 1월부터 5년간 무려 133마리의 동물이 질병과 싸움, 사고로 죽었고, 2017년 전주동물원에서는 벵골 호랑이 두 마리가 두 달여 간의 시차를 두고 병사한 사건도 있었다. 2020년 평택 소재 한 동물원에서는 좁은 우리에서 살아가던 사자가 죽기도 했다. 코로나19로 인한 휴원 및 내방객 감소로 동물원들이 경영난을 겪으면서 동물들의 서식 환경은 더 악화되었고, 전기와 수도가 끊긴 사육장에서 배설물과 뒤섞여 사는 동물들의 실태가 알려지면서[3] 동물원 동물들의 복지 개선에 대한 사람들의 요구가 터져나왔다. 이러한 배경 속에서 동물원 '허가제'를 비롯한 동물원법 개정안(총 32개 조문)이 국회 본회의를 통과했다. 아래와 같이 개정된 동물원법은 2023년 12월 14일부터 시행된다.

법의 목적에 '생명 존중 가치 구현' 명시(제1조)

기존 동물원법의 목적은 "동물원 등에 있는 야생생물을 보전·연구하고 그 생태와 습성에 대한 올바른 정보를 국민에게 제공하며 생물 다양성 보전에 기여"하는 것이었다. 개정법은 여기에 '보유 동물의 복지 증진' '생명 존중 가치 구현' 및 '야생생물과 사람이 공존하는 환경 조성'을 새로 명시했다. 이제까지 '보고 즐길 대상' '연구 대상' 등 인간과 생태계를 위한 객체로 여겨져온 동물원 및 수족관의 동물들이 행복할 권리가 있는 주체로 인정받게 되는 데 더 가까워진 것이다.

동물원 등록제 ···▶ 허가제로 상향(제8조~제10조, 제30조 등)

지금껏 동물원(혹은 수족관)을 운영하려는 사람은 몇 가지 사항* 을 관할 시·도지사에게 등록만 하면 곧바로 운영할 수 있었다. 요건도 간단해서—예를 들어 '시설'은 사무실, 전시 시설, 사육 시설, 격리 시설만 갖추면 그 요건을 충족한 것으로 봤다—등록제 그 자체가 사실상 영업 허용을 뜻했다. 보유 동물의 종별 관리·복지에 대한 세부 사항도 없었던 탓에 세세한 관리 및 감독이 이뤄지지 않았고, 앞서 말한 대로 보유 동물이 병사하는 것을 막을 수도 없었다. 이러한 문제점을 해결하기 위해 개정법에서는 기존 등록제를 허가

---

* 　시설의 명칭, 소재지, 명세, 대표자 성명·주소, 전문 인력 현황, 생물종 및 개체 수 목록, 멸종위기종 및 개체 수 목록, 질병 관리 계획, 서식 환경 제공 계획, 안전 관리 계획, 휴·폐원 시 보유 생물 관리 계획 등.

제로 강화했다. 동물원을 운영하려는 이는 위에서 설명한 각 사항에 대해 대통령령으로 정하는 요건을 갖추어 시·도지사의 허가를 받아야 하며, 허가를 받은 이후에도 허가 사항에 맞게 운영이 되고 있는지 지속적으로 확인을 받아야 한다.*

동물복지 강화 및 폐사·질병 발생 위험 종 보유 금지(제15조, 제30조, 제32조)

지금까지는 동물원과 수족관에서 이런 것들이 다 가능했다. 뱀, 거북이, 돼지, 사슴을 만지고 먹이를 주는 행위, 조련사나 관람객이 벨루가에 올라타는 행위.[4] 사람들은 이러한 행위를 교감이라 불렀지만 동물들에게 그것은 그저 원치 않는 접촉일 뿐이었다. 무분별한 접촉은 스트레스가 되어 동물들의 건강을 위협했고, 동물과 접촉한 사람들에게도 감염, 물림 사고와 같은 위험을 초래했다.[5]

이에 개정법은 공중의 오락이나 흥행을 위해 동물을 만지거나 올라타지 못하게 했고, 동물에게 함부로 먹이를 주는 행위 또한 금지했다. 관람객에게 그러한 행위를 하도록 부추기는 행위 역시 막았다.** 또 운영자와 근무자는 보유 동물을 해당 업장 바깥의 시설로 데리고 가 전시할 수 없도록 했다.*** 동물 여러 마리를 케이지에 신

---

*   허가를 받지 않고 동물원·수족관을 운영하면 2년 이하의 징역 또는 200만 원 이상 2000만 원 이하의 벌금형에 처해질 수 있다.
**   위반 시 500만 원 이하의 과태료가 부과된다.
*** 단, 허가받은 다른 동물원 등에 전시하거나 학술 연구 등 공익적 목적으로 이동 및 전시하는 건 가능하다.

고 다니는 이동식 동물원이 사실상 금지된 것이다.

나아가 관람 목적으로 노출될 경우 스트레스로 죽거나 병을 얻을 수 있는 종(폐사 또는 질병 발생 위험 종)*은 앞으로 동물원·수족관에 신규로 들여올 수 없다. 이에 현재 국내에 남아 있는 돌고래 21마리를 제외하고는 더 이상 '새로운' 돌고래를 수족관에서 볼 수 없게 됐다. 실제로 바다에서 수천 킬로미터를 유영하며 살아가는 돌고래는 수조에 갇힐 경우 같은 자리를 빙빙 돌거나 벽을 때리는 정형 행동을 보이기도 하며, 기대 수명의 절반도 채우지 못하고 사망할 가능성이 크다.[6] 이런 이유로 영국은 1993년 마지막 수족관의 문을 닫았고, 미국 캘리포니아주는 2016년 수족관의 범고래 전시를 법으로 금지했다. 프랑스는 2017년 돌고래, 범고래의 수족관 내 번식과 추가 반입을 막았다.[7]

궁극적으로는 고래, 코끼리, 호랑이, 북극곰과 같이 본래 살던 환경과 방식이 동물원, 수족관과 전혀 달라 고통받는 동물들이 모두 전시 부적합 동물 종에 포함되어야 할 것이다. 수조에 갇혀 있는 돌고래 21개체를 바다로 돌려보내거나 해양 생크추어리를 조성하여 그곳에서 살 수 있도록 하는 일에 대해서도 논의가 필요하다.

동물원 휴·폐원 및 보유 동물 관리 강화(제13조, 제16조~제23조 등)

동물원(및 수족관)이 문을 닫을 경우, 휴원 기간이 6개월 이상일 때만 그에 따른 신고 의무가 있었다. 문을 닫고 휴원임을 알리는 사

---

*   구체적인 대상은 환경부와 해양수산부의 공동 부령으로 정해진다.

후 신고도 가능했다. 이러다 보니 휴원 기간에 동물의 관리와 보호가 제대로 이뤄지지 않는 부작용이 있었다. 이를 보완하기 위해 개정법은 휴원 신고 기준을 6개월에서 3개월로 단축하여 보유 동물의 관리 기준을 강화했다. 개정법에 따라 운영자는 3개월 이상 동물원이나 수족관을 열지 않는다면 보유 동물 관리 등에 대한 계획을 허가권자에게 신고해야 한다.

또한 업자에 대한 법적 책임도 강화했다. 운영자와 근무자는 보유 동물이 사람의 생명, 신체, 재산에 위해를 일으키지 않도록 하는 안전 관리 의무를 이행해야 하며, 특히 운영자는 정기적으로 동물의 건강 상태를 검사해 그 관리 기록*을 최장 20년간(기존법에서는 3년) 보존해야 한다.** 동물원·수족관 근무자로서 수의사, 수산질병관리사, 사육사 등 동물의 안전, 질병 관리 등 업무를 수행하는 사람들도 법정 교육을 의무적으로 받아야 한다.***

야생생물법에서의 변화

야생동물카페를 한번씩은 들어봤을 것이다. 라쿤, 사막여우, 알파카 등 국내에서 쉽게 볼 수 없는 동물들을 실내에 풀어두고 이용객들이 마음껏 만질 수 있게 하는 이른바 체험형 카페다. 2021년

---

*   보유 동물종 및 개체 수, 보유 동물의 반입, 반출, 증식 및 폐사에 관한 기록, 질병 관리 조항에 따른 보유 동물 건강 상태 검사에 관한 기록 등(제20조).

**   이를 위반할 시 500만 원 이하의 벌금에 처해질 수 있다.

***   교육을 받지 않을 경우 500만 원 이하의 과태료가 부과된다.

기준 영업 중인 국내 야생동물카페는 총 250개에 달한다.[8] 인간이 손만 뻗으면 언제든 만질 수 있는 일상의 공간으로 끌려온 야생동물들은 인간과 생활하며 본연의 야생성이 꺾이는 것은 물론, 합사가 적합하지 않은 동물과의 생활에 따른 갈등과 스트레스로 이상 행동을 보이기도 한다. 이용객 역시 물림 사고를 당하거나 인수공통전염병에 걸릴 위험에 노출될 수 있다.[9] 해당 카페에 대한 관리 및 규제의 필요성이 대두된 배경이다. 이에 무분별한 야생동물의 수입·전시를 금지하는 내용을 담은 야생생물법이 국회를 통과하게 됐다.

허가된 동물원·수족관 외 시설에서 야생동물 전시 금지(제8조의3, 제8조의4)

개정법은 동물원법에 따라 허가 받은 동물원·수족관이 아닌 곳에서는 살아 있는 야생동물을 전시할 수 없도록 규정했다.* 단, 비교적 덜 위험한 조류·파충류 등의 야생동물** 및 수산 생물이나 학술 연구 등 공익을 위한 경우, 야생동물 영업 허가***를 받은 경우는 예

---

*   이를 위반하여 야생동물을 전시하면 2년 이하의 징역 또는 2000만 원 이하의 벌금이 부과될 수 있다. 2023년 12월 14일부터 시행된다.

**   포유류 외 분류군 중 인수공통질병 전파 우려 및 사람에게 위해를 가할 가능성이 낮은 야생동물로서 환경부령으로 정하는 종.

***   국제적 멸종위기종, 지정 관리 야생동물 또는 환경부령으로 정하는 종 가운데 포유류, 조류, 파충류, 양서류에 해당되는 야생동물을 일정 규모 이상으로 취급하는 야생동물 판매, 수입, 생산업.

외로 허용했다. 이로써 야생동물카페는 자연스레 영업을 축소, 폐업
하는 수순을 밟게 될 것이다.

다만 이에 따라 우려되는 사항이 생긴다. 폐쇄된 업장에서 나오
게 될 동물들이다. 법은 폐업과 함께 버려지거나 방치될 수 있는 야
생동물 보호를 위해 환경부 장관으로 하여금 야생동물 보호시설을
설치, 운영할 수 있도록 했다. 또 현재 야생동물을 전시하고 있는 이
가 개정법 시행 전까지 그 현황을 신고하면, 공포일로부터 5년간
(2027년 12월까지) 해당 야생동물을 전시할 수 있도록 하되, 보유 동
물을 다른 곳으로 이동하여 전시하지는 못하도록 했다.

단, 무분별한 전시가 금지되는 대상이 야생동물로 국한된 탓에
'야생동물이 아닌 동물'을 전시하는 것, 예컨대 고양이 카페는 계속
해서 영업할 수 있다(다만 고양이는 반려동물에 속하기 때문에 이러한
업장은 '동물전시업'에 해당돼 동물보호법에 따라 영업 등록을 해야 한
다). 이들 사업장 역시 야생동물카페와 본질적으로 일치하는 까닭
에, 이 같은 사각지대에 대한 고려가 이루어지지 않은 것은 아쉬움
으로 남는다.

야생동물 운송 시의 준수 사항 마련(제11조)

야생동물을 운송하려는 자는 동물에게 적합한 먹이와 물을 공급
하고, 운송 과정에서 동물이 충격을 받거나 다치지 않도록 해야 한
다. 또한 운송 차량은 야생동물의 생태를 고려한 온도와 습도를 유
지하고 동물의 상해를 막을 수 있는 구조를 갖춰야 한다.* 이와 같은
내용을 담은 유사한 조항이 동물보호법에 적시되어 있긴 하지만(기

존 법 제9조) 야생동물의 경우, 특별법적 지위에 있는 야생생물법이 먼저 적용되므로 그들의 안전한 운송을 위한 규정을 별도로 신설한 것이다.**

'지정 관리 야생동물'의 정의를 마련하고 그 수입과 반입, 양도와 양수, 보관을 원칙적으로 금지(제2조 제4호, 제22조의2, 제22조의4 등)

개정법은 살아 있거나 알 상태인 포유류·조류·파충류·양서류 중에서 멸종위기 야생생물, 국제적 멸종위기종, 천연기념물, 해양 보호 생물, 생태계 교란 및 위해 우려 생물, 축산법상의 가축, 동물 보호법상의 반려동물 등이 아닌 야생생물을 '지정 관리 야생동물'로 정의했다. 이로써 이들을 수입하거나 반입하는 것, 양도·양수하거나 보관하는 행위는 금지되며,*** 수출·반출하는 경우, 또 예외적으로 수입·보관·양도가 허용되는 경우에도 그 내역을 지자체에 신고해야 한다.****

---

*   위반 시 100만 원 이하의 과태료에 처해진다.

**   위 조항은 2023년 12월 14일부터 시행된다.

***   다만, 학술 연구나 야생생물의 보호 및 복원의 목적으로 사용하려는 경우, 생물자원 보전 시설 등에서 전시용으로 사용하려는 경우, 기타 공익적 목적으로 사용하려는 경우에는 허가를 받으면 수입 및 반입이 가능하다.

**** 위 조항은 2025년 12월 14일부터 시행된다.

야생동물 수입·생산·판매·위탁관리업 허가 및 영업자 교육 의무화 등 영업 관리 강화(제22조의5~제22조의10 등)

일정 규모 이상의 야생동물(국제적 멸종위기종, 지정 관리 야생동물 등)을 판매·수입·생산·위탁 관리하는 영업을 하려는 자는 지자체의 허가를 받아야 한다.* 영업자와 종사자는 야생동물의 특성을 고려한 사육 관리 의무, 야생동물의 탈출을 방지할 시설을 구축하고 관리할 의무, 야생동물의 수입·생산·판매 등 기록을 작성하고 보관할 의무를 지니는 동시에, 야생동물 보호·관리를 위한 교육을 받아야 한다. 이를 지키지 않거나, 영업자가 야생동물을 학대하거나 수입이 금지된 야생동물을 생산·수입·판매하는 경우에는 허가가 취소되거나 6개월 이내의 기간 동안 영업이 정지될 수 있다.**

만족하기엔 이르다

전면 개정된 동물보호법의 목적은 나날이 증가하는 동물 학대, 유기, 안전사고를 막는 동시에 동물을 양육, 보호, 관리할 책임이 있는 자에게 그 의무를 더 명확히 각인시키려는 데 있다. 그럼에도 일부 개정 내용은 현실과 타협한 진보 수준에 그쳐 아쉬움을 남긴다. 이번 개정법은 결코 '최종판'일 수 없기에, 향후 동물권이 더 실효성 있

---

*   위반 시 2년 이하의 징역 또는 2000만 원 이하의 벌금이 부과될 수 있다.

**   위 조항은 2025년 12월 14일부터 시행된다.

게 보장되기 위해서는 어떤 부분이 보강되어야 할지 짚어보려 한다.

금지되는 학대 행위의 범위가 여전히 좁다

다음 중 동물 학대에 해당되는 것은 무엇일까?

1. 도구로 동물을 때려 신체적 고통을 가하는 것.
2. 동물을 좁은 공간에 감금해 기르는 것.
3. 냉난방 장비가 없는 실외에서 기르는 것.
4. 동물을 뜬장에서 기르는 것.
5. 짧은 귀, 짧은 꼬리 등 미용을 목적으로 동물에게 성형수술을 시키는 것.
6. 음식물 쓰레기를 주 먹이로 제공하는 것.
7. 움직임이 활발한 동물을 며칠 동안 묶어두는 것.
8. 촬영 혹은 마차 끌기 등 상업 행위에 장시간 동원하는 것.
9. 특별한 이유 없이 개를 일주일 이상 산책시키지 않는 것.
10. 사회적 동물(금붕어, 앵무새, 개 등)을 한 개체만 기르거나 사회적 교류 없이 지내게 하는 것.

많은 이에게 이 모든 항목은 동물 학대로 보일 것이다. 실제 농식품부가 2022년에 시행한 '동물보호에 대한 국민의식조사' 결과에 따르면, 응답자의 70퍼센트 이상이 '동물을 물리적으로 학대하는 행위' '뜬장에 사육하는 행위' '채광이 차단된 어두운 공간에 감금하여 사육하는 행위' '폭염/한파에 냉난방 장치가 없는 장소에서 사육하는 행위' '좁은 공간에 감금 사육하는 행위'를 동물 학대로 처벌해야 한다고 답했다. 고통을 직접적으로 가하는 것뿐 아니라, 동물을 그 본성과 습성에 반하는 방식으로 혹은 복지를 침해하는 방식으로 사육하는 것 역시 학대라는 인식이 점차 확산되고 있는 것이다. 학대에 대한 시민들의 진보적인 인식에도 불구하고, 위 행위 중 개정법에 따라 학대로 처벌할 수 있는 행위는 '동물을 물리적으로 학대하는 행위'밖에 없다(단, 위와 같은 각 행위로 동물이 질병에 걸리거나 상해를 입는 등 직접적인 '피해'를 입었을 때에는 학대자를 처벌할 수 있다).

개정법의 한계를 본격적으로 파헤쳐보기 전에, 법령 체계부터 들여다보려 한다. 법령은 법률과 시행령, 시행규칙 등으로 나뉜다. 이 중 법률은 (최상위법인 헌법을 제외하고) 가장 앞선 순위의 상위법이며, 국회의 의결을 거쳐 만들어진다. 국회 의결 없이 제정되는 시행령(대통령령)과 시행규칙(총리령, 부령)은 그 하위법으로, 여기에는 법률에서 위임한 내용에 대한 세부 사항이 담긴다. 이에 따라 동물보호법은 상위법, 동물보호법 시행규칙은 하위법에 해당된다. 우리가 지금 이야기하려는 개정법의 한계는 기존 시행규칙의 한계가 개정법에 그대로 옮겨오면서 생겨났다. 상위법인 기존 동물보호법은 '수의학적 처치의 필요, 동물로 인한 사람의 생명, 신체, 재산의 피해 등 시행규칙으로 정하는 정당한 사유 없이 동물에 신체적 고통을 주거나 상해를 입히는 행위'를 금지했다(기존 법 제8조 제2항 제4호). 이때 시행규칙은 (고통을 가하는 것이 예외적으로 허용되는, 예컨대 동물의 훈련 등) 정당한 사유를 규정해야 함에도 이 같은 사항

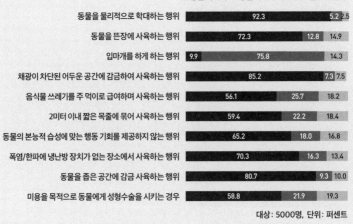

	■ 동물 학대다	■ 동물 학대가 아니다	▨ 잘 모르겠다
동물을 물리적으로 학대하는 행위	92.3	5.2	2.5
동물을 뜬장에 사육하는 행위	72.3	12.8	14.9
입마개를 하게 하는 행위	9.9	75.8	14.3
채광이 차단된 어두운 공간에 감금하여 사육하는 행위	85.2	7.3	7.5
음식물 쓰레기를 주 먹이로 급여하며 사육하는 행위	56.1	25.7	18.2
2미터 이내 짧은 목줄에 묶어 사육하는 행위	59.4	22.2	18.4
동물의 본능적 습성에 맞는 행동 기회를 제공하지 않는 행위	65.2	18.0	16.8
폭염/한파에 냉난방 장치가 없는 장소에서 사육하는 행위	70.3	16.3	13.4
동물을 좁은 공간에 감금 사육하는 행위	80.7	9.3	10.0
미용을 목적으로 동물에게 성형수술을 시키는 경우	58.8	21.9	19.3

대상: 5000명, 단위: 퍼센트

[표 1] 2022년 동물보호에 대한 국민의식조사(출처: 농림축산식품부).

이 아닌, '동물의 사육·훈련 등에 꼭 필요한 방식이 아님에도 다른 동물과 싸우게 하거나 도구를 사용하는 등 잔인한 방식으로 신체적 고통을 주거나 상해를 입히는 행위'와 같은 조항을 규정했다. 즉, 정당한 사유 외에 '잔인한 방식' 등 학대 행위의 방법까지 추가로 규정한 것이다. 위처럼 까다로운 요건을 충족해야 비로소 학대 행위로 인정되도록 만든 것이다.

문제는 시행규칙상의 해당 내용이 이번 개정을 거치며 상위법인 법률에 명시됐다는 데 있다(개정법 제10조 제2항 제4호). 이에 따라 기존의 까다로운 요건도 그대로 답습되었다. 즉, 정당한 사유 없이 동물에게 고통을 주었더라도 '잔인한 방식'을 사용한 것이 인정돼야만 동물 학대로 처벌된다. 예를 들어 자신이 키우는 강아지를 별 이유 없이 손으로 때린 보호자에게 "동물이 신체적 고통을 받긴 했으나 손으로 때린 것을 잔인한 방식이라 할 수 없다"면서 무죄를 선고할 여지가 여전히 존재하는 것이다. 영국, 독일, 스위스 등 동물복지 선진국들은 직접적인 상해나 질병을 유발하지 않더라도 어떠한 행위가 동물의 행복을 해친다면 그 자체를 처벌 대상으로 본다. 동물 학대를 재정의하고 금지되는 행위의 범위를 확대하는 것, 그것이 우리에게 남은 숙제다.

동물 학대 재발을 막기에 역부족이다

2022년 8월 평택역에서 한 남성이 3킬로그램의 작은 강아지가 담긴 가방을 패대기쳤다. 강아지는 가방 밖으로 튕겨나왔고 그 충격으로 제대로 걷지 못했다. 강아지의 목줄을 공중에 들어 올린 남성을 역무원이 제지하려 하자 그는 도리어 "내 강아지인데 무슨 상관이냐"고 응수하며 학대 행위를 멈추지 않았다. 동물보호법에 따른 보호 조치로 강아지는 그 남성으로부터 격리되었지만, 고작 나흘 뒤 다시 그에게 돌아가야 했다. 법의 한계였다.*

개정법은 동물을 돌려받고자 하는 보호자가 지자체에 '사육계획서'를 제출하도록 하지만 보호자가 언제든 '마음만 먹으면' 다시금 학대를 저지를 수 있다는 점에서 근본적인 대책이라고 볼 수 없다. 외국은 이를 고려해 동물 학대를 저지른 자는 피학대 동물뿐 아니

---

* 다행히 해당 강아지는 한 동물 보호 단체의 도움으로 구조되었고, 편안한 일상을 보내며 새 가족을 찾고 있다고 한다.

라 다른 동물까지 소유, 사육, 거래할 수 없도록 하고 있다. 실제 미국 캘리포니아주, 독일, 영국은 학대 행위자의 동물 소유, 사육, 거래 등을 금지하며, 미국 펜실베이니아주, 프랑스는 학대당한 동물을 행위자로부터 압류 또는 몰수함으로써 소유권을 박탈한다. 미국 테네시주에서는 학대 행위자의 신상도 공개하고 있다.

당초 개정안에는 위 외국 법과 같은 취지로 법원이 학대 보호자에게 피학대 동물에 대한 사육을 잠정적으로 금지하는 내용과 유죄 선고 시 최장 5년간 동물을 사육하지 못하게 하는 내용이 담겨 있었지만, 법무부와 법원행정처에서 논의가 더 필요하다는 입장을 보이며* 최종 개정법에 포함되지는 못했다.

'사육 제한'은 정말 법으로 규정할 수 없는 사안인 걸까? 개정법 제19조 제4호, 제5호는 동물 학대 금지 조항 등을 위반해 벌금 이상의 실형을 선고받고 그 집행이 종료되거나 집행이 면제된 날부터 3년이 지나지 않은 사람(또는 벌금 이상의 형의 집행유예를 선고받고 그 형이 집행 중인 사람)은 맹견 사육 허가를 받지 못하도록 규정하고 있다. 다시 말해, '맹견 보호 내지 공공의 안전'이라는 목적을 위해 맹견을 기르고자 하는 사람의 기본권을 제한하는 형식의 법률이 이미 개정법에 도입되어 있는 것이다. 그렇다면 이와 같은 논리로 '동물의 생명 보호 및 사회의 안전'이라는 목적을 위해 동물 학대 행

---

*   더 구체적으로는 동물 사육 금지 처분의 경우 기본권 제한 정도가 큰 새로운 형사법적 제재로서 그 도입에 충분한 논의가 필요하다는 이유였다. 또 사육 금지 가처분의 경우 무죄 추정 원칙에 반할 우려가 있다는 의견이 있었다.

제도 내용	주요 선진국	한국
동물의 법적 지위	제3의 지위(물건 아님)	물건
반려견 소유 자격	면허제, 입양 전 교육 등	별도 제한 없음
돌봄 의무 및 처벌	의무 위반 시 처벌	위반 시 처벌 없음
학대 여부 판단	동물의 고통 여부	상해 및 사망
학대 처벌	형벌+신상 공개, 소유 금지 등	형벌
맹견 사육	번식, 수입, 사육 원천 금지	사육허가제 마련(2024년 4월)
영업 관리 체계	갱신제 운용	갱신제 미도입
판매 제한	펫 숍, 온라인 판매 금지	판매 가능

[표 2] 2022년 동물 보호 및 복지 관련 사전 예방적 제도 비교(출처: 농림축산식품부).

위자의 특정 동물 소유를 일정 기간 제한하는 것 역시 '과도한 기본권 제한'으로 볼 수 없을 것이다.

[표 2]는 동물 보호를 위한 사전 예방적 제도에 있어서 국내법의 미비점을 한눈에 보여준다.

우리나라에는 맹견을 제외하고는 반려동물을 키우는 데 있어 별도의 사전적 제한이 없는 탓에 동물에 대한 책임의식과 깊은 이해가 없는 자도 쉽게 동물을 구매하거나 입양할 수 있다. 학대 행위자가 학대를 저지르고도 다시금 새로운 동물을 키울 수 있는 것이다. 재범 방지를 위해 학대 행위자의 동물 소유 및 사육이 반드시 금지되어야 하는 이유다. 이에 향후 개정법은 학대 행위자의 기본권도 과도하게 제한하지 않는 선에서 '학대 행위가 재발될 염려가 있거나 동물의 보호를 위해 필요한 경우' 보호자의 동물 사육을 임시로 제한하는 방향으로 나아가야 할 것이다. 앞선 평택역 사례와 같은 일이 다시 일어나지 않도록 말이다. 유죄 판결을 받은 학대 행위자가 일정 기간 동물의 소유, 거래, 사육을 할 수 없도록 하는 것은 물론 피학대 동물에 대한 보호도 이뤄져야 한다.* 이로써 동물이 누군가의 소유물로 여겨지기보다는 그 자체로 존중되어야 할 생명이며, 이를 거스르는 행위를 한다면 그를 행한 인간의 권리도 제약될 수 있다는 인식이 법에 의해 확실히 인정받을 수 있기를 바란다.

자신이 기르지 않는 동물을 학대한 자의 재범은 어떻게 막을 수 있을까? 이에 개정법은 처벌에 더해 교육과 치료 프로그램 이수를 규정하고 있다. 여기에서 더 중요한 것은 학대가 행해지기 전에 이뤄지는 사전 예방이다. 이번 개정을 거치며 폐기된 의안 중에는 '국가와 지자체가 전국적으로 동물에 관한 교육을 추진하도록' 하는 개정안(의안번호 2111065호)이 있었다. 해당 의안의 발의 목적 역시 사람에 대한 범죄로 이어질 수 있는 동물 학대 범죄의 특성을 고려했을 때, 그 예방을 위한 적극적인 대응이 필요하다는 것이었다. 교육의 필요성에 대한 공감대가 확대되고 있는 만큼, 이후에라도 관련 법안이 추가되어 성인은 물론 청소년 교육을 담당하는 초, 중, 고

---

* 야생생물법 개정으로 신설된 제71조(몰수)는 '허가받지 않고 야생동물을 수입, 생산하거나 판매하려고 보관 중인 야생동물은 몰수할 수 있다'고 규정하고 있다. 위법 행위 시 그 행위에 제공된(관련된) 동물을 몰수할 수 있도록 하는 법률상의 근거는 이미 존재하고 있다.

등학교에서도 관련 교육이 이뤄져야 할 것이다.*

보호자의 돌봄 의무·책임을 강화하지 못했다

개정법은 맹견 보호자에 대해서는 다소 강화된 책임**을 부여하고 있지만, 맹견이 아닌 동물 보호자의 의무나 종별 특성에 따른 돌봄 매뉴얼은 구체화하지 않았고 위반 시 따르는 규제도 자세히 규정하지 않았다. 많은 시골 개(혹은 마당 개)가 적절한 운동이나 사회적 교류 없이 1미터가량의 짧은 목줄에 평생 묶여 살고 있다. 그러나 사실상 방임과 다름없는 이 같은 사육 행태를 막을 수 있는 내용이 개정법에는 없다. 목줄 길이를 2미터로 늘리고, 빛이 차단된 어두운 공간에서 장기간 사육하지 못하도록 하는 최소한의 개선만 이뤄졌을 뿐이다.

게다가 개정법은 여전히 실제 상해가 발생했거나 사망했을 때만 학대자를 처벌하고 있다. 마당 개가 무더위, 한파에 그대로 노출되어 생활한다고 해도 직접적인 상해를 입거나 질병에 걸리지 않는 한 보호자는 처벌 받지 않는다는 뜻이다. 학대에 대한 더 능동적이고 적극적인 정의가 필요한 이유다. 우리는 동물을 본래의 습성과 특성에 맞는 방식으로 돌보지 않는 것, 이로 인해 불필요한 신체

---

* 정의당 이은주 의원이 경찰청으로부터 받은 '최근 11년간 동물보호법 위반 관련 현황'에 따르면, 2020년 검거된 동물보호법 위반 사범 가운데 19세 미만 청소년은 14명이었다. 2010년 이래 최초로 두 자릿수를 기록했다.

** 책임보험 가입 의무 및 사전·정기적 교육을 받을 의무 등.

적·정신적 고통을 야기하는 것 자체를 금지하는 외국의 입법 사례를 살펴볼 필요가 있다. 독일은 사람·동물과 교류하고 적절한 운동을 해야 하는 개의 습성을 고려하여, 생후 8주 이내의 강아지는 모견과 떨어질 수 없도록 하고, 보호자가 개*에게 충분한 접촉과 운동 기회를 제공하도록 하고 있다. 또 개를 실외에서 사육할 경우 그에게 더위와 추위 등을 피할 수 있는 편안한 공간을 제공하고, 묶어서 기른다면 최소 6미터(한국 개정법이 규정하는 2미터를 생각해보면 6미터가 얼마나 혁신적인 길이인지 체감할 수 있다) 길이의 구동 장치를 사용하도록 하는 등 보호자의 돌봄 의무를 상세히 규정하고 있다. 이를 위반한 보호자는 질서 위반 행위로 최대 2만 5000유로(약 3500만 원)의 과태료를 내야 한다.[10] 스위스는 개를 포함해 가축화된 동물, 야생동물의 종별 복지를 충족시킬 수 있는 돌봄 의무를 세세하게 규정하는 한편, 보호자가 이를 고의로 무시하면 최대 2만 스위스프랑(약 2800만 원)의 벌금에 처한다.[11] 미국 일리노이주는 보호자가 먹이나 물, 쉼터 제공 등의 의무를 위반하는 것 자체를 경범죄로 처벌하며, 영국은 보호자가 동물을 충분히 돌보지 않을 경우 동물 보호 단체 RSPCA의 동물복지 조사관이 이에 대한 개선을 요구할 수 있도록 했다. 동물에 직접 가하는 학대 행위만을 금지하는 것에서 더 나아가, 동물이 느낄 행복을 구체적으로 보장하고 있는 것이다.

　우리도 동물의 본래 특성에 맞는 돌봄을 제공함으로써 동물이

---

* 　가정에서 기르는 반려견와 상업 시설에서 기르는 개 등 모든 개가 해당된다.

그저 살아 있는 것 이상으로 행복하게 살아갈 수 있도록 해야 한다. 그리고 이 같은 기준을 적용받는 대상도 반려동물만이 아닌 그 외의 다양한 종으로까지 확대되어야 할 것이다. 이를 위해서는 개, 고양이 이외의 종의 습성에 대한 깊은 이해가 선행되어야 한다. 굶다 죽는 것만이 비극은 아닐 것이다. 불행에 망가지는 몸, 꺼져가는 생명에 대한 섬세한 인식이 절실하다.

축산업, 실험, 판매에 동원되는 동물을 제대로 보호하지 못한다

닭은 원래 모래 목욕·횃대 오르기·날갯짓 등의 습성을 지녔으며, 돼지는 잠자리와 화장실을 구분하고 땅을 파헤치거나 지푸라기를 장난감 삼아 노는 것을 좋아한다. 하지만 이들 모두 농장의 상황에 맞춰 지나치게 좁은 우리에서 행동에 제약을 받으며 살아가고 있다. 이처럼 축산업에 이용되는 동물종의 습성에 따른 복지를 보장하는 내용이 개정법에는 빠져 있다.

아울러 실험동물의 복지를 위해 실험을 행하는 자가 관련 교육을 수강해야 한다는 내용이 개정법에 담기긴 했지만, 3Rs 원칙―동물의 사용을 다른 방법으로 대체하고Replacement, 가능한 한 더 적은 수의 동물을 이용하며Reduction, 동물의 고통을 최소화하고 복지를 높여야Refinement 한다―이 지켜지도록 대체시험법의 개발·적용을 권장하는 내용은 포함되지 않았다.

등록제로 운영되던 펫 숍의 운영 방식이 허가제로 바뀌긴 했으나, 이 역시 여전히 '동물을 사고파는 행위'가 가능한 일임을 전제하는 조항이므로 '동물은 물건이 아니다'라는 동물권의 기본 인식에

반한다. 궁극적으로는 영국이나 미국 일부 주와 같이 공장식 번식과 펫 숍에서의 동물 판매가 금지되어야 할 것이다. 온라인에서 동물을 사고파는 행위를 막는 조항도 빠졌다.

이외에도 동물보호법이 적용되는 동물의 범위가 기존 법과 같다는 것도 한계로 지적된다. 개정법은 기존 법과 동일하게 '동물'을 "고통을 느낄 수 있는 신경 체계가 발달한 척추동물로서 포유류, 조류, 파충류·양서류·어류"라고 정하면서, 파충류·양서류·어류의 경우 '식용을 목적으로 하는 것'은 제외했다.

등록 동물에 속하지 않는 고양이, 반려 목적 이외의 개가 유기되는 현실을 비춰볼 때, 동물등록제 대상 동물 범위를 확대하는 내용도 담겼으면 어땠을까 하는 아쉬움이 남는다.

아직은 먼 일처럼 느껴지지만, 가장 궁극적이고도 근본적인 과제는 우리나라 최고법인 헌법에 동물 보호가 국가의 의무로 등재되는 것이다. 이미 브라질,* 독일** 등은 헌법에 국가의 동물 보호 의무를 포함시켰으며, 특히 스위스는 1992년 헌법을 개정하면서 동물을 포함한 '모든 생명체의 존엄성'을 명시하기도 했다. 오스트리아 역시 별도의 연방 헌법Federal Constitution Law on Sustainability and Animal Welfare을 통해 환경, 동물 보호 및 지속 가능성을 국가의 목표로 명

---

* 국가는 생태계 기능을 위협하거나 종의 멸종을 초래하거나 동물을 학대하는 모든 행위로부터 동·식물을 보호해야 한다(헌법 제225조 제1항).

** 독일 헌법 제20a조에는 "국가는 미래의 세대들에 대한 책임을 인식하고 헌법적 질서의 범위에서 입법을 통해, 그리고 법률과 법에 정해진 바에 따라 집행 및 사법을 통해 자연적 생활 기초와 동물을 보호한다"고 명시되어 있다.

시하고 있다. 우리나라도 개헌이 논의되었던 2018년 당시 대통령이 제안한 헌법 개정안에 동물 보호가 국제 규범과 인류가 공유해야 할 보편 가치로 정착되고 있음에 따라 "국가는 동물 보호를 위한 정책을 시행해야 한다"는 내용이 포함됐다(개정안 제38조 제3항). 다만 헌법 개정에 필요한 요건이 충족되지 않으면서 최종적으로 개헌이 이뤄지지 못했다.*

동물 보호를 국가의 의무와 목표로 헌법에 규정하는 일은 명목상, 의미상의 동물권 제고 이상의 실제적인 변화를 이끌어낼 수 있다. 동물 보호가 국가적 목표가 됨으로써 국가 활동의 전 영역에 구속력 있는 의무가 부과되기 때문이다. 즉 입법자는 적극적으로 동물 보호를 위한 입법 의무를, 행정부와 사법부는 법규의 해석과 적용에 있어 동물 보호를 적극적으로 고려해야 할 헌법적 의무를 지게 된다. 또 어떤 법률이 동물 보호라는 국가의 목표 규정에 위반되는 경우, 법원이 직권 또는 소송당사자의 신청에 따라 '위헌 법률 심판 제청'** 을 할 수 있게 되고, 이에 따라 헌법재판소가 동물 보호 조항의 헌법적 내용을 구체화함으로써 동물 보호가 더욱 체계화될 수 있다.[12]

법은 문서가 아니다. 오히려 유기체에 가깝다. 사회와 긴밀히 상호작용하며 꾸준히 변화하기 때문이다. 법이 올바른 방향으로 변화

---

* 대통령 공고 제278, 관보 제19221호(그2). 위 개정안은 국회 재적 의원 3분의 2 이상의 찬성표를 얻지 못했고, 헌법 개정은 더 이상 진행되지 못했다.
** 법원에서 어떤 소송이 진행 중인 경우, 그 사건에 적용될 법률의 위헌 여부를 심판해달라고 헌법재판소에 요청하는 절차.

하는 것만큼이나 법이 수호하는 가치가 지켜질 수 있도록 사회 각계가 지속적으로 노력해나가는 게 중요한 이유다. 법이 동물권을 보호하는 방향으로 개선될지라도 행정부가 단속을 소홀히 하거나 사법부가 법을 제대로 해석·처벌하지 않는다면 개선은 무의미해진다. 2018년 동물생산업이 허가제가 되었지만 단속과 법 집행이 엄정히 이루어지지 않은 탓에 법 개정의 의미가 퇴색된 것처럼 말이다.

3부

일상의
폭력

동물을 바라보는 우리의 눈

인류와 동물은 늘 함께 살았다. 동물은 인류에게 자신을 해칠 수 있는 두려운 대상인 동시에 생존을 도와주는 고마운 존재였으며, 관계 맺기를 통해 정서적 교감을 나누는 상대인 동시에 예술적 영감을 제공하는 원천이기도 했다. 그러나 서구 사회를 중심으로 인간이 모든 생물 중 가장 우월하다는 인식이 점차 자리 잡았다. 데카르트는 동물을 느끼거나 생각하지 않는 기계로 봤으며, 개를 발로 찼을 때 개가 내는 울음소리가 시계가 울리는 소리와 같다고 여겼다. 칸트도 동물은 인간이 자유롭게 사용할 수 있는 도구라고 주장했다. 이러한 '동물기계론'은 17세기부터 발달한 실험과학을 합리화했으며, 이에 따라 살아 있는 동물은 각종 실험과 해부의 대상이 되었다. 동물들은 실험 도중 우짖지 못하도록 성대가 잘렸고, 머리뼈 절개, 시신경 절단, 척추 해부 등도 빈번히 자행됐다.[1]

하지만 이 같은 관점은 곧 비판을 받았다. 제러미 벤담은 1780년대에 동물도 인간과 같이 쾌락과 고통을 느낄 수 있으며, 인간이 그 고통을 고려해야 한다고 주장했다(벤담의 이러한 공리주의 이론은 추후 동물권 운동의 교과서 격인 『동물 해방』의 저자 피터 싱어에게로 이어졌다). 19세기에는 찰스 다윈의 진화론*이 발표되었고, 이후 20세기에도 과학적 근거를 통해 '동물도 지능과 의식이 있고 다양한 감정을 느끼고 표현하며 서로 소통하고 협동한다'는 사실**이 인정되면서 동물을 바라보는 인류의 시각에도 서서히 변화가 일었다.

그럼에도 동물을 대상으로 한 잔혹한 실험은 끊이지 않았다. 오히려 기술의 발달은 동물들을 대량으로, 또 저렴하게 생산·도축할 수 있는 밀집 사육, 공장식 축산 방식을 확산시켰다. 엎친 데 덮친 격으로 인간의 과도한 자연 개발은 환경오염과 멸종을 가속화시켰다. 이러한 현실에 피터 싱어는 1975년 『동물 해방』을 펴내며 인간의 종차별주의***를 비판하면서 인간과 동물의 이익은 동등하게 고

---

*   진화론에 따르면 지구상의 모든 생물종은 공동 조상으로부터 유래됐으며, 시간이 지남에 따라 유전적으로 차츰 변화한다. 인간 역시 다른 동물종에서 유래한 또 하나의 동물종에 불과하다는 이 같은 주장은 신학과 인간 우월주의가 뿌리내린 당시 사회에 큰 반향을 일으켰다.

**   침팬지, 코끼리, 돌고래, 까치는 거울에 비친 자기 자신을 인식할 수 있으며 (이 같은 '자기 인식'은 인간이 두 살쯤 되어야 갖추는 능력이다), 개는 거울의 정보를 활용할 줄 안다.[2] 양들은 우정을 맺으며 우울 등의 감정을 느낀다. 쥐는 다른 쥐가 갇혀 있는 모습을 견디지 못하고 풀어주려고 하는 공감 능력이 발달되어 있으며, 새는 도구를 만들고 가족 간의 애정을 나누며 일을 분담한다. 문어는 기억력이 좋고 논리적으로 생각하며 놀이를 즐기기도 한다. 물고기도 서로 소통하고 사회생활을 하며 장소를 기억한다.

***   인간이 자기가 속한 종의 이익을 더 고려하고 다른 종은 차별하는 태도를 말한다. 싱어와 함께 옥스퍼드대학에서 동물권을 연구한 리처드 라이더가 처음 사용했다.

려되어야 한다고 주장했다. 그에 따르면 동물들도 고통과 쾌락을 느낄 수 있고, 이는 인간이 느끼는 고통 및 쾌락과 다르거나 결코 덜 중요하지 않다. 그는 고통과 괴로움이 그 자체로 나쁘며, 고통받는 존재의 인종이나 성, 또는 종과 무관하게 고통은 억제되거나 최소화되어야 한다고도 했다. 이를 위해 인간이 사육 방식, 실험 절차와 사냥, 동물원 등 오락 분야에서의 활동을 근본적으로 개선해야 한다는 게 그의 주장이었다. 싱어의 이러한 주장은 인간이 동물에 대한 책임을 자각하게 되는 계기가 되었고, 미국과 유럽 등지에서 동물권 운동과 논의가 활발해지는 데 큰 영향을 미쳤다. 물론 그의 주장에도 한계는 있다. 싱어의 주장은 '인간에 의한 동물 이용' 자체를 금지하지는 않는다는 측면에서 동물복지론으로 불리기도 한다. 미국의 철학자 톰 리건은 여기서 한발 더 나아가 인간이든 동물이든 각각 도덕적으로 존중받을 권리를 갖고 있으며, 인간에 의한 모든 형태의 이용과 착취—사냥, 실험, 연구, 식용, 오락적 이용은 물론 심지어 동물을 반려하는 것까지—를 금지해야 한다는 동물권리론을 펼쳤다.[3]

그렇다면 여기서 가장 근본적이고도 가장 중요한 질문을 던져본다. 동물에게 권리가 있을까? (당연히) 그렇다. 모든 살아 있는 존재는 존엄성을 갖고 있으며 생래적으로 부여받는 권리가 있다. 즉, 인간이 천부인권을 갖듯이 동물도 태어나면서 '생존할 권리' '학대나 착취당하지 않을 권리' '본래의 습성에 따라 자유롭게 살아갈 권리' 등의 기본 권리를 갖는다. 유네스코는 1978년 이와 같은 동물의 권리를 더 자세히 선포하면서 '동물에 대한 존중은 인간에 대한 존중과 연결되어 있다'고 명시했다.[4] 이 선언은 반려동물, 야생동물은 물론 사역동물, 실험과 축산업에 이용되는 동물들이 갖는 기본적인 권리를 규정하고 있다. 예컨대, 야생동물은 자연 서식지에서 자유롭게 살아가고 번식할 권리를 갖고 있으며 인간의 오락을 위해 이용되어서는 안 된다. 반려동물은 자연 수명을 채워서 살 권리, 인간의 적절한 보살핌을 받을 권리가 있다. 사역·실험·축산동물은 휴식할 권리와 실험, 운송 과정에서 고통받지 않을 권리를 갖는다. 비록 이 같은 규정이 인간의 이용 목적에 따라 동물을 구분 짓는 한계를 갖고 있을지라도, 유네스코가 동물에 대한 윤리적 고려를 동물의 권리로 선언한 일 자체는 동물권의 보편타당성이 공신력 있는 기구로부터 인정받았다는 점에서 중요한 의미를 갖는다고 할 수 있다.

동물에게 법적 권리가 있는지에 대한 답은 아직 "글쎄"에 머물러 있다(산양 소송 사건을 떠올려보자). 아직 동물의 법적 권리를 인정하는 나라는 없지만, 대신 동물의 권리를 법으로 보장하려는 움직임은 여러 국가에서 일어나고 있다. 2013년 5월 인도는 돌고래의 지능적, 감각적 능력에 대한 과학적 근거를 토대로 '비인간 인격체 non-human persons'로서 돌고래의 지위와 생명권, 자유로울 권리를 법제화했다. 스위스 바젤에서는—끝내 달성되지는 못했지만—영장류에게 "생명과 육체적, 정신적 완전성에 대한 권리를 보장"하는 내용을 주 헌법에 담자는 국민 제안이 이루어진 바 있다.

미국과 아르헨티나에서는 동물권에 대한 의미 있는 판결도 나오고 있다. 미국 NRP 변호사들은 인간 신체의 자유를 보장하는 인신보호영장Habeas corpus 제도를 통해 갇혀 있는 침팬지와 코끼리를 풀어달라는 소송을 제기했고, 동물이 생명권과 자유로울 권리, 고통받지 않을 권리를 갖는 법적 주체임을 인정받고자 노력하고 있다. 대부분 패소했지만, 일부 사건에서 "침팬지가 인신보호영장의 보호 대상이 되는 기본적 자유권을 갖는지에 대한 문제는 궁극적으로 무시될 수 없을 것이며, 침팬지가 단순한 물건이 아니라는 것에는 의심의 여지가 없다"는 재판부 의견을 이끌어내기도 했다.[5]

이들의 활동은 아르헨티나동물권변호사단체AFADA에도 영향을 미쳤다. 그들은 침팬지 세실리아를 위해 인신보호영장을 신청했고, 아르헨티나 멘도사 법원은 2016년 11월 세실리아에 대해 "물건이 아닌 고유의 권리를 지닌 법적 주체non-human legal person"라는 역사적인 판결을 내렸다.[6] 법원이 부여한 인신보호영장을 통해 세실리아는 평생을 갇혀 있던 동물원에서 해방되어 자연 서식지와 흡사한 대형 유인원 생크추어리에서 주체적으로 살아갈 수 있게 되었다. 이같은 입법 및 권리 구제 활동은 법관들에게, 또 사회 전반에 동물의 법적 권리와 주체성에 대한 관점의 전환을 촉구하는 중요한 계기가 되고 있다.

우리나라 동물권 논의, 어디까지 와 있을까?

우리나라에서 동물보호법은 언제 제정되었을까? 계기는 1988년에 개최된 제24회 서울올림픽대회였다. 국제사회의 시선을 의식한 당시 정부와 입법부는 1991년 최초의 동물보호법을 만들었다. 다만 이때의 동물보호법은 명목적, 형식적 차원에서 마련된 것이기에 전체 조항 수도 12개뿐이었고, 그 내용도 부실했다. 미비점을 보완하는 법이 추가로 발의되지도 않았다. 동물권에 대한 뚜렷한 인식 변화 역시 한동안 없었다.

국내 반려동물 양육 인구가 본격적으로 늘어난 2000년대에 들어서서야 동물이 학대, 착취되는 현실에 대한 자성의 목소리가 나오기 시작했다. 여기에 제도 개선 요구가 뒤따르며 동물보호법은 2007년 한 차례 전면 개정되었다. 조항은 총 26개로 증가했으며, 법이 금지하는 학대 행위도 더 구체화되었다. 반려동물 등록제 및 동물실험윤리위원회를 명시한 조항이 그때 처음 마련됐다. 그럼에도 학대 행위에 대한 처벌이 벌금 수준에 그치는 등 동물 보호에 대한 법의 소극성엔 큰 변화가 없었다. 두 번째 전면 개정은 2011년에 이뤄졌다. 전체 법 조항이 총 47개로 늘어났고, 동물 학대에 대한 징역형이 비로소 규정되었다. 그 후 크고 작은 개정을 거치던 동물보호법은 점점 더 심각한 사회 문제가 되어가는 학대, 유기를 더 엄중히 다루기 위해 2022년 4월 다시 한번 전면 개정됨으로써 총 101개 조항을 갖게 되었다.

법이 조금씩 진화해온 것처럼, 내가 처음 동물권 변호사 활동을 시작한 2012년과 현재를 비교하면 분명 많은 것이 변했다. 10여 년 전에는 '동물권'이라는 단어가 거의 쓰이지 않았고(쓰임이 없던 건 당연하고 그 존재조차 희미했다), 그것이 사회적으로 보호받아야 할 가치로 여겨진다고 보기도 어려웠으며, 이를 뒷받침할 법과 제도도 부실했다. 그러나 지금은 동물권, 동물복지라는 용어를 대다수 시민이 인지하고 있는 데다 동물권 이슈를 이끄는 시민단체, 전문가 단체도 다수 생겨났다. 국회의 관심도 커졌다. 제18대 국회에서 발의된 동물보호법 개정안은 18개에 그쳤으나, 제21대 국회에서는 임기가 절반가량 흐른 시점에 이미 100개가 넘는 개정안이 발의되었다. 객관적인 숫자만 봐도 동물권 이슈에 대한 우리 사회의 관심도가 점차 높아지고 있다는 걸 알 수 있다. 정부 차원의 연구 역시 점차 활기를 띠고 있다.

그동안의 변화를 통해 미래를 낙관할 순 있겠으나, 현실에 만족할 순 없다. 동물을 물건의 지위에서 해방시키는 민법 개정이 이제막 예고되었을 뿐 헌법은 여전히 동물 보호를 약속하지 않는다. 법바깥의 상황도 비슷하다. 다수에게 동물은 여전히 인간을 위한 수단으로 여겨질 뿐이며 '음식을 즐길 권리' 앞에 '개·고양이 식용 금지' 논의는 지지부진하다. 인간을 돕는 것과 동물을 돕는 것이 구분되고, 동물 구조 단체에겐 동물 도울 힘으로 인간을 도우라는 힐난이 가해진다. 인간–동물에 대한 차별적 인식은 이렇듯 사회 전반에퍼져 있는 것이어서 맞거나 죽은 동물보다 때린 인간이 더욱 위해지며, 동물복지를 위해 발의된 법안은 다른 '민생' 법안에 밀려 쉽게폐기된다. 학대가 확대, 재생산되기에 더없이 알맞은 토양이다.

싱어는 동물에 대한 윤리적 고려가 동물을 좋아하는 사람만이아닌 모든 인간이 행해야 하는 당연한 일이라고 생각했다. 이러한관점을 다음과 같이 확장해볼 수도 있을 것이다. 인간이 비인간 존재의 고통에 무관심하며 그 고통을 당연시하는 사회라면, 그 사회에서 살아가는 인간의 고통 역시 쉽게 묻히고 지워질 것이라고 말이다. 자연의 일부인 인간이 '지속 가능하기' 위해서라도 동물과의 공존을 위해 애써야 한다. 인간이 동물을 오랜 기간 이용해왔다는 사실이 인간이 앞으로도 동물을 마음껏 이용할 수 있다는 주장을 정당화해주진 않는다. 관습은 단지 관습이란 이유로 지켜질 수 없으며, 시대정신과 맞지 않는 관습은 도전받을 수밖에 없다.

침팬지 세실리아에게 인신보호영장을 부여한 판사 마우리시오는 동물권에 대해 생각할 거리를 던지는 판결문을 남겼다. 그중 일부를 인용한다.

> 이 사건은 공동선과 가치를 보호하는 것에 대한 문제다. (…) 우리가 이 동물의 복지를 돌보는 것은 그가 우리에게 감사해야 할 문제가 아니라, 공동체로서 성장하고 더 인간적으로 살아갈 수 있는 기회를 얻은 데 대해 우리 인간이 그들에게 감사해야 할 문제다.

혐오와 가학으로 물든 공간: 길고양이 살해와 온라인 학대

2022년 6월, 포항시 한 초등학교 통학로에 얼굴이 뭉개진 새끼 고양이가 매달려 죽어 있었다. 3년 전부터 인근 한동대 일대에서 길고양이들을 학대, 살해하여 그 모습을 전시해온 자가 벌인 짓이었다. 또 다른 20대 남성은 창원의 한 식당에서 돌보던 고양이를 수차례 내려쳐 죽였고, 아산시 한 아파트 단지에는 허리 잘린 고양이 사체가 유기되기도 했다. 포항시 한 폐양식장에서 길고양이 16마리를 가두고 학대, 살해한 뒤 그 장면을 온라인에 게재한 20대 남성도 있었다. 그는 자신을 신고한 사람에게 "똑같이 가죽을 벗겨주겠다"는 보복성 협박까지 한 것으로 알려졌다. 이는 모두 한 해에 벌어진 일들로, 그해 언론을 통해 알려진 굵직한 사건만 이 정도다.

사회적 약자인 동물, 그중에서도 보호자가 존재하지 않는 길고양이에 대한 잔혹하고 엽기적인 범죄가 끊이지 않고 있다. 이런 행위를 하는 범죄자들의 공통점이 있다. 자신의 소행을 숨기기는커녕 자랑스럽다는 듯 다수에게 기꺼이 알린다는 점이다. 이들은 범행 방법과 과정, 그 결과를 불특정 다수와 공유한다. 주된 활동 공간은 온라인, 그중에서도 카카오톡 오픈채팅방, 텔레그램 등에 개설된 '동물학대방'이며, 그곳에 학대 정황이 담긴 적나라한 사진, 영상 등을 게재하며 조직적으로 활동한다. 이들 '방'은 기존 가입자가 전송한 초대 링크를 받아야만 가입할 수 있고, 익명을 전제로 운영되며, 범죄 관련 영상과 사진, 범행 내용, 방법 등이 공유된다는 점에서 '동물판 N번방'이라 불리기도 했다. 방 개설자는 '학대한 것을 올려보라'고 말하며 참여자들로 하여금 학대에 가담할 것을 부추기고, 초대 링크를 얻고자 한 이들은 개설자의 '승인'을 얻기 위해 동물을 산 채로 불에 태우고, 다리를 잡아 부러뜨리고, 물고문을 하고, 눈을 찌르는 등 학대 행위가 담긴 영상을 올리며 '내가 더 잔혹한 학대자'임을 증명하려 애쓴다. 실제로 한 고어전문방 개설자 닉네임은 '쭈비니'였다(이는 'N번방' 성착취물 제작 및 유통 사건의 범죄자 조주빈을 연상케 한다). 이는 고어전문방이 'N번방'과 유사한 메커니즘으로 관리·운영되는 공간임을 단적으로 보여준다.

이러한 가학적 행위의 원인으로는 통제성과 과시욕이 꼽힌다. 여기서 통제성은 자신이 게시한 콘텐츠를 본 사람들이 충격을 받거나 고통스러워하는 모습에 만족을 느끼며, 동시에 사람들이 자신의 범죄에 동조하게끔 만들기 위해 노력하는 모습과 그 성향을 가리킨다. 또 자신의 콘텐츠를 이용하는 이들의 반응에 주의를 기울이며 이에 적극적으로 대응하거나 학대 행위가 자신이 직접 행한 것임을 입증하고 싶어하는 행위는 그들의 과시욕을 보여주는 대표적인 모습이다.[7] 김상균 백석대 경찰학부 교수에 따르면 동물 학대 행위자의 70~80퍼센트가 남성으로, 이는 강력 범죄자의 구성 성비와 비슷한 비율이며, 이들 가해자는 공통적으로 피해 대상을 지배하고 통제하려는 욕망을 발산하고 자신의 우월함을 확인받음으로써 쾌락을 느낀다.[8] 한 커뮤니티에 털이 모두 밀린 채 케이블 타이로 목이 졸린 고양이의 사진을 올린 이용자 A씨는 "(처음에) 귀여워서 찍어 올린 고양이를 두고 다른 이용자들이 못생겼다고 욕을 해 그러한 혐오의 분위기에 맞춰 자극적인 글을 쓰기 시작했다"고 말했다.[9] 이러한 모습에서 집단 내부의 인기와 인정을 얻기 위해 집단 구성원의 행동 양식에 자신의 태도를 일치시키는 또래동조성이 발견되기도 한다.[10] 직접적으로 동물을 학대하지 않는 이들도 동물 비하 발화를 통해 혐오 행위에 동조한다. 디시인사이드 등 온라인 커뮤니티 이용자들은 길고양이를 '유해 동물' '털바퀴' '길바퀴'*로 부르며 혐오를 거리낌 없이 발산한다. 학대와 혐오가 이미 그들만의 놀이 문화가 된 모

---

*   털이 달린 바퀴벌레, 길에서 사는 바퀴벌레라는 뜻으로, 길고양이를 비하할 목적으로 사용하는 은어.

습이다.[11]

이들이 드러내는 태도는 특히나 종 차별적이다. 고양이 혐오 글이 하루에도 수십 개씩 쏟아지는 한 온라인 커뮤니티 이용자들은 언뜻 보면 고양이를 말 그대로 '혐오'하는 것 같지만, 더 자세히 들여다보면 '모든 고양이'를 혐오하는 건 아니다. 단지 '일부 고양이'를 혐오할 뿐이다. 호오를 가르는 기준은 바로 '품종묘' 여부다. 길고양이를 털바퀴라 폄훼하는 이들은 '집에서 키우는 랙돌'이나 브리티시쇼트헤어와 같은 품종묘는 찬양하는 이중적인 모습을 보인다. 원하는 외모와 성격―이용자들은 일명 개냥이를 선호하며, 그렇지 않은 고양이를 길들이는 일을 '순화'라고 표현한다―의 품종묘를 '분양'받기 위한 팁을 공유하기도 한다. 같은 동물종 안에서 품종묘와 비품종묘를 나누고 '돌봄을 받을 만한 고양이'와 '그렇지 않은 고양이'를 구분 짓는 행위는 그동안 인간을 금융 자본, 지식 자본, 인적 자본과 같은 기준으로 나눠 차별해온 사회의 관습을 그대로 답습하는 듯 보인다. 동물을 서열화하는 이들의 차별적 행태에서 '나와 다른 집단', 특히 사회적 소수자나 약자에 대한 혐오를 가감 없이 내비치는 온라인 혐오 문화의 단면이 여실히 드러난다.

특히 온라인 혐오 문화에 쉽게 영향을 받는 미성년자는 학대 범죄를 모방할 가능성이 높다. 실제로 고어전문방 참여자 가운데 미성년자가 상당수였으며, 동물보호법 위반으로 혐의가 인정된 세 명 중 한 명이 미성년자이기도 했다.[12] 예방만큼이나 재발 방지가 중요한 이유다. 개정 동물보호법은 동물 학대 행위로 유죄 판결을 받는 자에게 200시간 범위 내에서 재범을 막는 데 필요한 수강 명령 또는 치료 프로그램 이수 명령을 내릴 수 있도록 규정하고 있다(제100조 제1항). 다만 교육이 형식상의 미봉책에 그치지 않도록 동물권 감수성을 배양시킬 수 있는 실질적인 내용과 방식을 고민해야 할 것이다(동물권·생명 존중에 대한 교육은 실상 모든 아동, 청소년에게 제공될 필요가 있다).

가장 앞서 이야기했던 고양이 학대 사건으로 돌아가보자. 고양이를 살해하고 목을 매달거나 온라인에 살해 장면을 올린 가해자들은 과연 어떤 처벌을 받았을까? 대구지방법원 포항지원은 2022년 9월 한동대 사건의 피고인에게 징역 2년 6개월의 실형을, 폐양식장 고양이 학대 사건의 피고인에게는 징역 1년 4개월의 실형에 벌금 200만 원을 선고했다. 모두 재판부가 동물 학대 범죄의 중대성과 잔혹성, 가해자가 가진 생명 경시 태도의 잠재적 위험성 등을 고려해 비교적—이전 동물 학대 사건의 판결과 비교해—강한 처벌을 내린 것이다. 그러나 2023년 1월 19일, 폐양식장 사건의 항소심 재판부(대구고등법원 제1형사부)는 피고인에 대해 1심 판결을 파기하고, 징역 1년 4개월 및 벌금 200만 원에 집행유예 2년을 선고했다. 해당 재판부는 정신 질환이 있다는 피고인의 주장을 받아들였고, 구금 중이던 피고인은 그렇게 석방되었다. 다시금 종전의 판결들과 다르지 않은, 솜방망이 처벌이 재현된 것이다.

동물권은 인권이다

털레반이라는 단어를 들어봤는가? 털레반은 '털바퀴'와 '탈레반'을 조합해 만든 것으로, 길고양이와 그들에게 밥을 주는 캣맘 모두를 낮잡는 말이다. 이들은 캣맘을 혐오, 조롱함과 동시에 '캣맘이 고양이에게 먹을 것을 주는 행위가 생태계를 교란한다'는 피상적인 이유를 내세워 자신들의 혐오를 정당화한다. 주로 온라인에서 보이는 이 같은 혐오 담론은 실제 폭행으로 이어지기도 한다. 2021년 8월, B씨는 한강 공원에 있는 길고양이 밥그릇에 협박 편지를 남겼다. 고양이에게 밥을 주지 말라는 내용이었다. 그는 이후에도 총 열여섯 차례에 걸쳐 비슷한 내용의 쪽지를 남겼다. 거기에는 길고양이 밥을 챙겨주는 사람을 향해 던지는 살해 협박—"죽이고 싶다" "네 목부터 찌를 거야"—까지 담겨 있었다. 쪽지를 받은 피해자는 극심한 스트레스에 면역성 질환까지 얻게 됐고, 이후 카라에 도움을 요청하며 사건이 수면 위로 떠올랐다(이후 B씨는 협박죄로 징역 6월에 집행유예 1년을 선고받았다).[13] 캣맘 혐오와 동물 학대의 공통점이 있다면 주로 여성, 동물 등 약자를 대상으로 삼아 폭력을 휘두른다는 것이다. 때와 사안에 따라 그 대상이 바뀔 뿐 혐오를 발산하는 메커니즘은 동일하다(이는 학교 폭력, 집단 괴롭힘과도 유사한 특성을 보인다). 동물 학대자들이 보이는 혐오와 폭력성, 타자의 고통을 희화화하는 태도는 동물을 넘어 '자신보다 약한 그 누구'에게든 표출될 수 있다는 점에서도 문제적이다. 처음에는 동물을 대상으로 한 잔혹한 영상을 공유하던 '동물판 N번방' 참여자들은 이후 살인 장면이 담긴 콘텐츠도 공유하기 시작했다. 채팅방에서는 "죽일 만한 게 눈앞에 나타났으면 좋겠다" "남을 고통스럽게 하는 것도 좋지만 여자를 괴롭히고 강간하고 싶은 더러운 성욕도 있다"와 같이 폭력의 대상을 동물 외 여성 등 약자로까지 확대한 메시지가 오가기도 했다.[14]

그렇다면 이 사건의 판결은 앞선 학대 행위자들이 받은 판결과 달랐을까? 2021년 11월 대전지방법원 서산지원은 해당 방의 주동자인 피고인이 초범이고 반성하는 모습을 보인다는 이유로 (검찰이 징역 3년을 구형했음에도 불구하고) 징역 4개월과 집행유예 2년, 벌금 100만 원을 선고하는 데 그쳤다. 피고인의 범죄 사실에는 "자신을 쳐다보는 고양이에게 다가가 단도로 목을 베어 죽이고, 토끼 목 일부를 잘라 움직이지 못하게 한 뒤 피를 흘리는 토끼를 들어 동영상을 촬영한 다음, 다시 단도로 목을 절단하여 죽인 행위"도 포함되어 있었다.[15]

약자 혐오, 생명 경시를 좌시해선 안 되는 이유를 날카롭게 설명한 판결문이 있어 소개하려 한다. 한 피고인은 6개월에 걸쳐, 한 건설사 현장 사무실 앞에 묶여 있던 4~5개월령 진도견의 머리를 각목으로 때리고, 발로 밟고, 수차례 걷어찼다. 해당 건설사에 대한 불만을 개에 투영해 폭력을 휘두른 것이다. 그는 징역 4개월에 집행유예 1년이라는 (역시나 비교적) 강력한 처벌을 받았다. 검찰은 다른 동물 학대 사건들의 약한 처벌 사례에 비추어 벌금 200만 원을 구형했지만, 오히려 판사가 피고인의 학대 행위의 죄책이 결코 가볍지 않으므로 징역형의 엄정한 죄책이 부과되어야 한다고 판단한 것이다. 판사는 판결 이유를 다음과 같이 남겼다.*

---

*   해당 판결(울산지방법원 2020. 5. 8. 선고 2019고단3906 판결)을 내린 유정우 판사는 이 사건 외에도, 2021년 1월 울산 앞바다에서 밍크고래 2마리를 불법 포획해 죽게 한 선장과 선원 전원에게 이례적으로 징역형의 실형을 선고

전 세계 및 우리나라의 동물에 대한 인식 변화와 이를 반영한 입법 내용 및 동물보호법의 목적과 체계 등을 살펴볼 때 이제는 동물의 생명 및 신체의 온전성도 보호법익으로서 소중히 다루어져야 할 가치에 해당하며, 이를 보호해야 할 필요성과 당위성도 충분히 인정된다고 볼 수 있다. 그러므로 동물의 생명이나 신체를 침해하거나 학대하는 행위의 위법성을 더 이상 간과하거나 경시하여서는 안 된다.

동물에 대한 생명 침해 행위나 학대 행위가 있을 경우 동물 역시 그러한 고통을 느끼면서 소리나 몸짓으로 이를 표현하며 고통을 호소하는데, 이에 아랑곳하지 않고 계속하여 학대 행위를 한다는 것은 생명체에 대한 존중 의식이 미약하거나 결여되어 있지 않고서는 어려운 일이라고 판단된다. 그러므로 동물 학대 행위를 단순히 권리의 객체인 물건의 손괴 행위로 인식할 수는 없으며, 특히 가학적, 충동적으로 동물을 학대하는 행위는 생명체에 대한 심각한 경시 행위에 해당하므로 이에 대하여는 더욱 엄격히 죄책을 물

하기도 했다. 당시 그는 고래 불법 포획을 엄하게 처벌해야 하는 이유를 열세 장에 걸쳐 상세히 설명했다. 내용을 요약하면 '고래는 법적·도덕적으로 보호되어야 할 동물임을 넘어 해양생태계와 지구의 기후 유지에도 중요한 역할을 하는데, 그러한 고래를 불법 포획하는 행위는 인류의 생존까지 위협할 수 있는 중대한 범죄이며, 종전의 가벼운 처벌로는 고래 포획을 근절시킬 수 없다'는 것이었다. 유정우 판사는 "고래가 지구상에서 사라진다면 인간 역시 지구상에서 사라지지 않는다는 보장을 할 수 없다"라고 판시했다(울산지방법원 2021. 1. 15. 선고 2020고단3057 판결).

어야 함이 타당하다. 게다가 동물이라는 생명체에 대한 경시 행위에 대하여 우리가 더욱 신경을 쓰고 이를 방지해야 하는 이유는 동물을 학대하는 사람이 언젠가 그 학대나 폭력 행위를 사람에게 하지 않을 것이라고 단정할 수 없기 때문이다.

더 나아가 동물 학대 행위를 방지해야 하는 이유는 그것이 사회적으로나 생태적으로 가장 미약한 존재에 대한 폭력적이고 잔인한 행위에 해당하기 때문이다. 동물 학대 행위는 사회에서 가장 지위가 낮은 존재에 대한 혐오 내지 차별적 행동으로 볼 수 있다. 그러한 행동을 용인하거나 그 위법성을 낮게 평가한다는 것은 우리 사회가 그 밖의 사회적 소수자들에 대한 혐오 내지 차별적 행동, 폭력적 행동까지도 간과하거나 심각성을 인식하지 못한다는 것을 보여주는 반증이 될 수도 있다. 동물에 대한 학대를 막는 것이 중요한 이유는 기본적으로는 생명을 가지고 고통을 느끼는 생명체에 대한 존중이라는 관점과 연결되기 때문이고, 더 나아가 단순히 동물을 위해서가 아니라 그것이 우리 사회에 존재하는 사회적 약자나 소수자에 대한 존중과 보호로 연결될 수 있기 때문이다. 따라서 동물에 대한 보호와 학대 방지는 단지 인간이 만물의 영장이라는 지위에서 가지고 있는 도덕적 의식과 의무감에서 필요한 것을 넘어서서 전체 사회 구성원의 존중과 배려 및 보호라는 관점에서 인간 자신에게 필요한 것이다.

이 판결문이 내게 특히나 큰 울림을 준 이유는, 판결문에 따른 판결이 그동안 동물 학대 행위를 가볍게 여기고 벌금형만 내려온 수

많은 판결과 다르다는 점 때문이기도 하지만, 판결문에 녹아 있는 동물권을 바라보는 판사의 시선과 그 깊이 때문이었다. 그는 존중해야 할 생명의 목록에 비인간 동물도 포함됨을 명시했으며, 그 신체의 온전성을 보호할 필요성과 당위성, 그에 따른 동물 학대 행위의 심각성과 엄벌의 필요성도 자세히 기재했다. 그는 반성하지 않는 피고인에게 판결의 이유를 충분히 설명, 납득시키고자 했고, 동시에 우리 사회에 동물 학대 행위를 어떻게 확장하고 해석해야 하는지에 대한 화두도 던졌다. 생명과 사회에 대한 그의 고민과 성찰이 담겨 있는 이 판결문을 나는 여러 번 정독했다.

"동물권 존중이 사회적 약자나 소수자에 대한 존중과 보호로 연결될 것"이라는 그의 말처럼 동물 학대 행위를 심각하게 보아야 하는 이유는—생명을 경시하거나 가학하는 행위가 그 자체로 중대한 잘못이라는 점 외에도—학대에 너그러운 문화가 인간사회에 이미 만연한 약자 혐오를 더욱 용인, 강화하기 때문이다.

다수의 범죄심리학 전문가는 '동물 학대가 인간을 폭력과 고통에 둔감하게 만들고, 결국 이러한 양상은 인간에 대한 폭력으로 번질 수 있다'고 경고한다. 많은 범죄자가 살인, 강간 등 강력 범죄를 저지르기 전에 동물 학대를 범하는 것만 봐도 방관된 학대의 확대 재생산성은 자명하다. 연쇄살인범 강호순은 "개를 많이 죽이다 보니 사람 죽이는 것도 아무렇지 않게 느껴졌다"고 진술했으며 유영철, 정남규, 이영학도 살인 이전에 동물 학대, 살해를 일삼았다.[16] 실제 미국에서는 동물 학대 범죄와 다른 강력 범죄 간의 연관성에 대한 연구가 이뤄지기도 했다. 미국 노스이스턴대학의 「동물 학대와 반

사회적 행동의 연관성The Relationship of Animal Abuse to Violence and Other Forms of Antisocial Behavior」, 미시간주립대학 법과대학의 「동물 학대와 인간에 대한 폭력의 연관성The Link: Cruelty to Animals and Violence Towards People」 등의 연구 결과에 따르면, 동물 학대 범죄자의 70퍼센트가 다른 범죄 전력을 갖고 있고, 40퍼센트는 사람에 대한 폭력 범죄를 저질렀으며, 강간범의 48퍼센트, 아동 성범죄자의 30퍼센트가 동물 학대 경험이 있었다.[17] 미 연방수사국은 2016년부터 동물 학대 범죄를 다른 폭력적 범죄의 전조로 보아 중대한 반사회적 범죄로 분류하고, 정보를 별도로 수집·관리하고 있다.

'동물을 학대하면 안 된다'는 명제의 궁극적인 목표는 동물의 행복을 달성하는 것이다. 인간과 연관 짓지 않더라도 동물은 그 자체로 건강하고 행복하게 살 권리를 갖기 때문이다. 동물의 고통과 인간의 고통은 본질적으로 다르지 않다. 다만 굳이 '동물 학대가 인간 사회 전반에 미칠 악영향'을 다룬 이유는 사람들이 타인의 문제보다 '내 문제'에 더 쉽게 몰입하고 관여하기 때문이다.

이 모든 이유로 동물 학대 행위는 결코 가벼이 여겨져서는 안 된다. 동물을 때리고 죽이는 이에게 벌금 수준의 미약한 형벌을 내리는 것은 사실상 학대를 용인하는 것과 다르지 않다. 더 무겁고 확실한 처벌과 예방책이 필요한 이유다.

행정 차원의 적극적인 노력도 요구된다. 지방자치단체는 동물을 보호하고 학대를 막을 의무가 있으므로, 길고양이 돌봄 문제를 자발적인 개인에게만 맡겨선 안 된다. 서울 서초구는 급식소 외에 길고양이들이 겨울철 한파를 피할 수 있도록 '겨울집'과 보온 물그릇을 두고 있다. 서울 종로구도 주민들의 불편, 갈등을 최소화하는 장소—대로변이나 주택 밀집 지역이 아닌 공원, 산길 및 급식소 주변 등—에 겨울집을 설치·관리하고 있다. 구청 로고와 안내 문구, 관리 번호를 부착하자 기물이 임의로 이동·훼손되는 일이 줄었다고도 한다. 관련 사안을 세심하게 돌보려는 지자체가 많아질수록, 동물을 보호하고 생명을 존중하는 것이 국가와 시민의 의무이자 보호해야 할 사회적 가치라는 인식이 더 널리 공유될 수 있을 것이다.

유기를 '고려'하신다고요?

요즘 즐겨 보는 프로그램이 하나 늘었다. 「캐나다 체크인」이다. 오랫동안 유기 동물을 돌봐온 이효리와 그의 친구 고인숙이 캐나다로 입양을 보낸 개들을 만나는 여정을 담았다. 개들 각자가 보호소에 있던 사연, 그가 멀리 입양되기까지 거쳐야 했던 과정, 새로운 가족을 만나 행복하게 사는 모습, 그리고 누구보다 그들의 행복을 바랐을 두 사람이 오랜만에 개들과 재회하며 기뻐하는 모습을 보고 있으면 눈물이 절로 흐른다. 1년 전쯤 강아지 코코를 캐나다로 입양 보내며 느꼈던 감정들이 다시금 떠오르며 그에 대한 그리움이 격렬하게 번진 탓일 거다.

유기 동물이 새 가족을 만나 새 삶을 살게 될 확률은 극히 낮다. 반려동물 양육 인구가 꾸준히 늘고는 있지만 '새 가족'을 보호시설에서 찾는 사람이 여전히 드문 탓이다.* '보호소 입양'이 성사되려면 먼저 누군가로부터 '발견'돼 '구조'되어야 하고, 보호소에서 안락사 당하지 않고 '살아남아야' 한다. 또 기적처럼 누군가가 나타나 '선택'해줘야만 비로소 새로운 가족의 품에 안길 수 있다.

내가 키우는 강아지 고미와 래미도 그 엄청난 우연을 통해 우리 집에 왔다. 고미와 래미는 그래서 운이 좋은 쪽에 속한다. 고미를 입양하기 위해 방문한 지자체 동물 보호소에는 가족을 만나 좁은 케이지 밖으로 나갈 수 있기를 간절히 기다리는 개들이 있었다. 고미와 똑같이 사랑받으며 살아갈 수 있었던 그들은 이후 보호소에 전염성 강한 홍역바이러스가 유행하게 되면서 대부분 안락사되었다.

보호시설에서 보내는 그들의 삶이 열악한 이유는 구속력 있는 시설 운영 기준이 없는 데다 시설과 인력은 한정된 반면, 발생하는 유기 동물은 너무 많기 때문이다. 2022년 7월 20일자 농림축산식품부 보도자료에 따르면, 최근 3년간 총 38만 3000여 개체의 동물이 유기·유실되었다. 하루 평균 350개체가 유기 또는 유실되고 있는 것이다. 집계되는 숫자가 이렇다는 거지, 실제로는 더 많을 것이다. 이처럼 유기 동물은 하루가 멀다 하고 매일같이 밀려 들어오는데 보호소 내 질병 예방, 치료, 보호, 입양 시스템을 돌릴 인력이 부

---

*   2022년 기준, 반려동물을 맞이한 70퍼센트 이상이 지인이나 펫 숍을 통해 동물을 분양받은 반면, 보호시설에서 입양한 사람은 11.4퍼센트에 불과했다(농림축산식품부, 「2022년 동물보호에 대한 국민의식조사 결과 발표」, 2023년 2월).

족한 까닭에, 한 해 1000개체 이상이 입소하는 지자체 동물 보호 센터를 단 한 명이 담당·관리하는 경우도 있었다.[18] 체계적이고도 안정적인 보호소 운영이 불가능한 배경이다. 이에 입소한 동물이 적절한 치료를 못 받아 자연사(엄밀히 따지면 병사)하고, 불치의 질병에 걸리지 않은 건강한 동물들이 안락사되기도 한다. 이러한 이유로 보호소에서 죽음을 맞는 동물은 10개체 중 4개체가 넘는다.[19] 어떻게 해서든 안락사만은 막아보자는 자원봉사자들이 있는 곳이라면 그나마 안락사 비율이 낮긴 하지만, 구조적인 해결책 없이 이처럼 개인의 선의와 의지에만 기대는 데에는 한계가 있을 수밖에 없다.

보호시설 종류에는 지자체에서 운영하거나 위탁하는 '동물 보호 센터'와 민간에서 운영하는 '동물 보호시설(사설 동물 보호소)'이 있다. 법은 민간 시설에 대해서는 어떤 규제도 하지 않고, 지자체 동물 보호 센터에 대해서만 운영 사항을 규정해놓았다.[20] 그러나 그 운영 지침이란 것도 동물 보호나 센터 관리를 체계적으로 이끌 만한 내용을 담고 있진 않다. 무엇보다 위반 시 따르는 법적 제재가 없다. 사실상 유기 동물 문제를 민간과 센터의 자율적 운영에 맡기고 있는 셈이다.

상황이 이렇다 보니 시설—특히 민간 시설—에서 병에 걸리거나 싸우다 다쳐 죽는 경우,* 또 지자체 위탁 동물 보호 센터에서 비

---

* 　시설 내 동물들을 방치하거나 중성화 수술도 시키지 않은 동물들을 한데 모아둔 탓에 개체수가 3000마리까지 불어난 경우도 있었다. 그곳에서 개들은 서로 싸우다 죽었고, 강아지들은 제대로 된 보살핌을 받지 못해 죽기도 했다.

용을 줄이고자 안락사 규정에 어긋난 방식으로 동물들을 죽인 경우도 있었다. 입양 역시 면밀한 검증 없이 이뤄진다. 운영 지침*에는 입양 희망자의 사육 환경을 사전에 조사해야 한다거나 식용 목적의 개 사육장 운영자, 동물 학대 범죄 이력이 있는 자에게는 입양을 금지한다는 내용이 담겨 있다. 1인당 3마리를 초과해 입양하지 못하게 하고 있기도 하다. 하지만 현장에서 이 같은 지침이 지켜지지 않아 한 사람이 무려 49마리를 입양한 일도 있었다. 그는 입양해온 개들을 개 농장에서 식용견으로 사육하며 음식물 쓰레기를 먹이고 수의사 면허가 없음에도 항생제를 주사했다. 이러한 양육 환경에 스트레스를 받은 개는 농장을 탈출했고, 사람을 물어 사망케 했다.**

방만한 운영에 대한 비판의 목소리가 거세지자 개정법에는 지자체 동물 보호 센터의 관리 감독을 더 강화하는 내용이 담겼다. 이에 따라 센터 내 CCTV 설치가 의무화되며, 시설 종사자는 정기적으로 교육을 받게 됐다. 민간 시설 운영자는 운영 사실을 지자체에 신고하고 운영 기준을 준수해야 하며, 신고 없이 보호시설을 운영할 경우 500만 원 이하의 벌금형에 처해진다.[21] 만일 시설 운영자가 동물 학대 행위로 벌금 이상의 형을 선고받는다면 지자체가 시설 폐쇄 명령도 내릴 수 있게 됐다.[22] 그러나 동물 보호 센터가 '동물을 충실

개들의 지옥이라 불렸던 애린원에서 발생했던 사건이다.
*　　　동물 보호 센터 운영 지침 제19조.
**　　　농장주는 사고 후 해당 개가 자신의 개가 아니라고 주장했지만 수사 결과 거짓으로 드러났고, 결국 징역 1년의 실형을 선고받았다.

히 보호하고 동물에게 새 삶의 기회를 찾아주는' 실질적인 역할을 하려면 신고와 교육만으로는 부족하다. 모든 동물 보호시설이 동물 복지를 고려한 운영 기준—현재의 짧은 보호 기간(최대 10일)을 늘리고, 규모에 맞는 적정 수의 인력을 배치하도록 하며, 쾌적한 생활환경을 제공토록 하고, 질병에 대한 치료 및 훈련이 적절히 이루어지도록 하며 안락사의 요건과 입양 절차를 강화하는 등—을 의무적으로 따르게 함과 동시에 그곳에서 일할 사람들에게 그곳이 '일할 만한 곳'이게끔 만들어야 할 것이다.

유기 동물들이 더 나은 환경에서 생활하는 것만큼이나 중요한 게 있다. 애초에 동물이 유기되지 않도록 하는 것이다. 당연한 말이지만 한 명 한 명의 보호자가 각자의 동물을 끝까지 책임진다면 유기 동물은 확연히 줄 것이다. 책임감 있는 입양 문화 정착이 무엇보다 중요한 이유다.

22퍼센트. 반려동물을 기르고 있는 보호자 중 한 번이라도 양육을 포기하거나 파양을 고려한 적이 있다고 답한 비율이다. 전체 보호자의 5분의 1이 넘는 큰 수치다. 고려 사유를 보면 다소 안타깝다. 모두 입양을 숙고했더라면 사전에 인지할 수 있었던 내용이라서다. 사유 1위로 꼽힌 물건 훼손과 짖음은 동물이 당연히 할 수 있는 행동이다. 지출 역시 자신의 경제적 상황을 바탕으로 미리 계산해 예상해볼 수 있다. 문제는 입양 전에 파악과 각오를 마쳤어야 하는 사안을 입양 후에 고민한다는 데 있다. 반려동물을 맞이하기에 앞서 자신의 입양 결정이 충동에 의한 것은 아닌지, 내가 치료비를 감당할 수 있는지, 장기간 여행에 제약이 생기는 건 괜찮은지, 동물에게 귀하께서는 반려동물을 키우다가 양육을 포기하거나 파양하고 싶었던 경험이 있으십니까?
반려동물을 키우다가 양육을 포기하거나 파양하고 싶다는 생각이 든 이유는 무엇입니까?

양육 포기 또는 파양 고려 경험

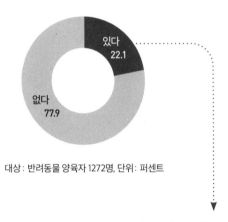

대상 : 반려동물 양육자 1272명, 단위 : 퍼센트

양육 포기 또는 파양 고려 이유

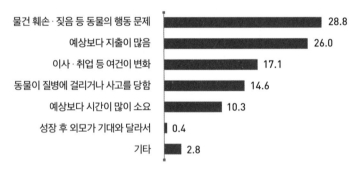

대상 : 반려동물 양육 포기 또는 파양을 고려한 경험이 있는 반려동물 양육자 281명, 단위 : 퍼센트

[표 3] 2022년 반려동물 양육 포기 또는 파양 고려 경험 조사(출처:농림축산식품부).

적합한 환경과 음식, 물을 제공함은 물론 그 습성을 파악하고 산책이나 운동 등의 의무를 다할 수 있는지를 객관적으로 돌아봐야 하지만 일부는 당장 샘솟은 의욕에, 혹은 광고 등 미디어 콘텐츠의 유혹에 넘어가 동물을 '일단' 들이고 만다.

개정법에 담기진 않았지만, 제도 차원의 보완책도 고민해볼 수 있다. 법으로 예비 보호자에게 이 같은 '리스크'에 대한 교육 이수 의무를 부여하거나 일정한 자격 요건을 두는 것이다. 예비 보호자가 수차례 숙고한 뒤 입양을 결정할 수 있도록 입양 절차를 강화하는 것도 필요하다. 보호자란 동물의 귀여운 모습만을 소비하는 데 그치는 자가 아닌, 한 생명을 끝까지 책임져야 하는 막중한 의무를 지닌 자임을 예비 보호자가 인지할 수 있도록 해야 한다.* 쉬운 구매가 쉬운 방기로 이어지는 고리를 끊어내기 위해서는 사람들이 쉽게, 또 물건을 구매하듯 충동적으로 동물을 '살 수 있는' 온오프라인 펫 숍의 동물 판매도 장기적으로 금지되어야 할 것이다.**

동물등록제도 더 실효성 있게 운영되어야 할 것이다. 동물등록제는 당초 반려동물 보호와 유기·유실 방지를 위해 2010년 도입됐다. 시행 10년이 지난 2022년 기준 동물등록률은 77퍼센트에 이르지만, 유기견 수가 줄어들기는커녕 매해 늘어나고만 있다. 개정법은

---

*   2022년 반려동물에 관한 국민의식조사 결과, 전체 응답자의 89.1퍼센트가 반려동물 보호자 의무 교육 도입이 필요하다고 답했으며, 그중 60.4퍼센트가 입양 전후에 교육이 필요하다고 답했다.

**   미국 캘리포니아주, 뉴욕주 등에서도 펫 숍에서의 반려동물 판매를 금지·제한하고 있다.

동물생산업·수입업·판매업자가 등록 대상 동물을 판매할 때에는 구매자 명의로 동물 등록을 신청한 뒤 판매하도록 함으로써 등록률을 더 끌어올리고자 하지만(제79조) 이것만으로는 부족하다. 우리나라 동물법은 동물등록제의 취지를 살리기 위해 도입된 내장칩 등록 방식 외에 외장칩 등록도 허용하고 있는데, 외장칩은 분리·분실의 가능성을 갖고 있으므로 등록 방식을 내장칩 하나로 통일하자는 논의가 다시 시작돼야 할 것이다. 등록 대상 동물도 '모든 개'로 확대해야 한다(궁극적으로는 개 다음으로 많은 인구가 양육하는 고양이도 그 대상에 포함시켜야 할 것이다). 현행과 같이 '주택·준주택에서 기르는' 개 혹은 이외의 장소에서 '반려 목적으로 기르는' 개로 그 대상을 한정하는 것은 등록을 회피할 구실—"반려 목적으로 기르는 게 아닌데요"—만 제공하는 셈이다. 아울러 도시 외 지역의 낮은 동물 등록률에 대한 관리도 더 면밀히 이뤄져야 할 것이다.

동물권 vs 재산권

2020년 6월, 쓰레기가 가득한 차량에 1년 가까이 방치된 강아지가 구조됐다. 신고 당시 차 내부 온도는 섭씨 48도에 달했던 것으로 알려졌다. 높은 온도의 밀폐된 공간에서 강아지는 생명의 위협을 받았다. 신고를 받고 출동한 경찰은 보호자에게 수차례 연락했으나 만날 수 없었다. 추후 연락이 닿은 보호자는 '밥을 주고 있으니 문제 될 게 없다'며 오히려 당당한 태도를 보였다.

고온의 밀폐된 공간에 동물을 가두는 행위는 명백한 동물 학대다. 하지만 현장에 출동한 관할 구청 공무원과 경찰은 현장을 발견한 즉시 창문을 깨고 강아지를 구조할 수 없었다. 물론 해당 공무원은 법률에 의거해 학대받는 동물을 구조하고, 보호에 필요한 조치를 취할 의무와 권한을 갖고 있다. 필요하다면 동물이 있는 곳에 출입해 직접 검사를 실시할 수도 있다.[23] 하지만 행정청은 주거침입으로 고소될 수 있다는 우려 때문에 출입·검사 조항[24]을 적극적으로 활용하기를 대체로 꺼린다. 더군다나 '보호에 필요한 조치'에 타인의 차량을 깨는 강제력 행사(재물 손괴 행위)가 포함되는지 여부도 확실하지 않다. 이론상 정당행위*를 적용하면 적법하다 볼 수도 있겠지만, 법 해석의 여지가 존재하는 한 구조를 위해 학대 행위자에게 고소당할 위험을 감수할 공무원은 없을 것이다. 이렇듯 경찰과 공무원이 이도 저도 못 하며 시간을 보내는 사이 동물 보호 단체 활동가가 보호자를 끈질기게 설득했고, 결국 그가 강아지에 대한 소유권을 '포기'하게 함으로써 구조에 성공할 수 있었다.**

하지만 비극은 여기서 끝나지 않았다. 해당 학대자가 2년 뒤 또

---

* 　법령에 의한 행위 또는 업무로 인한 행위, 기타 사회 상규에 위배되지 아니하는 행위는 벌하지 아니한다(형법 제20조).

** 　영국, 스페인 등 해외에서도 비슷한 사건이 있었다. 당시 경찰은 망설임 없이 차량의 창문을 깨고 동물을 구조했다. 미국 미네소타주, 캘리포니아주 등에서는 차량에 동물을 남겨두는 행위 자체를 법으로 금지하고 있으며, 남겨진 동물을 구조하는 데 있어 치안 담당관, 국제 동물 보호 단체인 휴메인소사이어티인터내셔널HSI 직원, 소방관 등이 합리적인 강제력을 사용할 수 있도록 규정하고 있다.

다른 강아지를 데려와 다시금 학대를 저지른 것이다. 그는 비닐봉지를 들고 다니듯 강아지의 한쪽 발을 잡고 '들고 다니다가' 신고됐다. 이번에는 구청 공무원이 보호 조치 권한을 이용해 학대자로부터 강아지를 격리했다. 강아지는 슬개골이 탈구되어 있었다. 앞서도 밝혔지만 동물보호법은 동물을 학대한 보호자로부터 신속히 동물을 격리하도록 규정하고는 있지만, 일정 기간만 지나면 보호자가 다시금 피해 동물을 데려갈 수 있도록 하고 있다. 학대받은 (또 학대를 당할 수도 있는) 동물을 보호하는 것보다 학대자의 소유권을 우선시한 결과다. 학대받은 동물을 국가가 몰수하거나 학대자가 다른 동물을 소유하지 못하도록 막는 영국, 독일과는 분명히 다른 처사다.* 우리나라에서도 이 같은 빈틈을 메우기 위한 개정안이 발의됐지만 '학대자의 재산권 보장' 등을 이유로 통과되지 못했다. 동물을 재화로 여기는 인식의 한계, 동시에 재산권이 다른 어떤 가치보다 주요한 가치로 호명되는 현실의 한계—이윤이 생명보다 중시되는 일은 산업 분야에서 더 빈번하게 목격된다. '재산적 가치가 없는' 수평아리들은 태어나자마자 분쇄기에 갈려 죽고, 조류인플루엔자나 구제역 발병**에 따른 살처분은 예방이란 명분으로 실제 필요보다 과하게 이루어질 뿐 아니라 그 집행에 있어서도 최소한의 인

* 독일 동물보호법 제20조의 경우, 동물 학대 행위로 유죄 판결을 받은 자에 대해 법원은 모든 또는 특정한 종류의 동물을 보유하거나 매매 또는 그 밖의 동물과 관련한 직업에 종사하는 행위를 1년에서 5년까지 또는 영구적으로 금지하고 있다.

** 이 역시 이윤 절감을 위한 공장식 밀집 사육이 그 원인으로 지목된다.

도적인 조치가 취해지지 않는다—가 고스란히 법의 한계와 맞닿아 있는 모습이다.

한계는 깨지고 극복될 수 있다. 동물의 생명권이 재산권에 앞선 다는 당연한 사실에 사회 구성원 대다수가 공감한다면, 법률로써 이를 드러내 보일 수 있다. 우선 두 가지 법률을 놓고 이야기해보 자. 형법상 도박죄는 도박한 자를 1000만 원 이하의 벌금형에 처한 다. 사행성 방지라는 사회적 법익을 위해 재산권을 제한하는 것이 다. '동물의 생명 보호 및 국민의 생명 존중 의식 함양'이라는 보호 법익은 사행성 방지라는 사회적 법익보다 훨씬 더 근원적이고 중요 하다고 볼 수 있다. 이 관점에서 동물보호법도 '동물을 죽음에 이르 는 학대 행위를 한 자를 3년 이하의 징역 또는 3000만 원 이하의 벌 금에 처하도록' 하고 있다.[25] '동물의 생명 보호'라는 법익을 보호하 기 위해 (징역형으로써) 사람 신체의 자유를 제한하는 위 조항이 헌 법상 과잉금지의 원칙에 위반되지 않기 때문이다. 그렇다면 신체의 자유보다 덜 중요한 재산권은 어떨까? 이 역시 동물의 생명 보호를 위해 제한될 수 있을 것이다. 특히 권리의 주체가 동물을 학대한 이 라면, 일종의 권리 남용으로 그를 제한할 필요성이 더 크다고 할 수 있다.* 따라서 동물의 긴급한 구조를 위해 필요한 범위 내에서 권 한과 의무를 가진 이가 합리적인 강제력을 사용하는 행위는 허용된 다고 보아야 하며, 이를 규정하는 법리가 입법화된다면 더 좋을 것

---

*   유사한 취지로, 아동복지법은 아동의 친권자가 친권을 남용하는 경우 법원이 친권 행사를 제한하거나 친권을 상실시킬 수 있도록 하고 있다(제18조 제1항).

이다. 재산권에 앞서 동물권을 규정하는 법안이 충분히 존재 가능함에도 소유권 보장이라는 명목 하에 관련 입법이 이뤄지지 않고 있는 현 상황은 재산권이 결코 제한될 수 없는 절대적인 가치여서가 아닌, 그저 생명보다 돈이 우선시되는 우리 사회의 인식 때문에 빚어진 현상일 뿐이다.

사람을 물면 죽여도 되나요?

물림 사고 소식에 자동으로 따라붙는 주장이 있다. "사람을 문 개를 안락사시켜야 한다"이다. "개가 사람을 물었으니 죽이자"는 목소리는 불현듯 과거 동물 재판을 떠올리게 한다. 중세 프랑스에서 열린 동물 재판에 돼지 한 마리가 불려 나왔다. 갓난아이를 잡아먹었다는 혐의를 받은 돼지는 대중 앞에서 잔인한 방식으로 처형됐다. 수확물을 망가트린 토끼, 주일主日에 쥐를 잡아먹은 고양이도 '자신의 행동에 대한 책임'을 추궁당한 끝에 교수형에 처해졌다.[26]

다행히 피고인의 방어권과 공정한 재판이 형사재판상의 법 원칙으로 자리 잡은 현대사회에서는 이러한 동물 처벌이 이뤄질 수 없다. 그렇다면 현대의 안락사는 중세의 동물 재판과 완전히 구분될까? 사람을 문 개에 대한 안락사가 과거 행위에 대한 처벌이라면, 이 역시 과거의 동물 재판과 다르지 않다고 할 수 있다. 심지어 안락사는 재판이라는 절차도 없이 동물을 곧바로 '처벌'하는 행위다. 기존 동물보호법에는 물림 사고를 일으킨 개를 안락사시킬 근거가 없었다. 안락사는 오로지 '동물이 질병 또는 상해로부터 회복될 수 없거나 지속적으로 고통을 받으며 살아야 할 것으로 수의사가 진단한 경우' 혹은 '동물이 사람이나 보호 조치 중인 다른 동물에게 질병을 옮기거나 위해를 끼칠 우려가 매우 높은 것으로 수의사가 진단한 경우' '기존 동물보호법 제21조(동물의 분양·기증)에 따른 기증 또는 분양이 곤란한 경우' 등 부득이한 사정이 있다고 인정될 때만 시행할 수 있다.[27] 그럼에도 보호자가 사고를 낸 자신의 반려견을 임의로 안락사시킨 일도 있었다. 보호자인 자신이 개의 생사여탈권까지 소유하고 있다고 착각한 행위다. 심지어 법원은 보호자에 대한 형사재판*에서 보호자가 사고견을 안락사시켰다는 점을 감형 이유로 삼기도 했다. 물림 사고의 궁극적 책임이 개에 있지 않음에도 그 책임을 동물에게 돌림으로써 보호자에게 사실상 면죄부를 준 것이다. 이는 인간 중심적, 인간 편의적 판단에 지나지 않으며, 문제의 궁극적인 개선에도 도움이 되지 않는다.

개는 물 수 있다. 타고난 공격성 때문이기도 하고, 자라난 환경으로 인해 공격성이 생겨나서이기도 하다. 평소에는 온순하더라도 외부 자극이 가해지면 자기방어를 위해 물 수도 있다. 개는 인간과 더불어 살아가지만(이러한 운명 역시 인간이 결정한 것이다), 교육하지

---

*   개에 대한 목줄 착용 등의 안전 조치 의무를 위반해 사람의 신체를 상해(또는 사망)에 이르게 한 자는 2년 이하의 징역 또는 2000만 원 이하의 벌금(사망 시 3년 이하의 징역 또는 3000만 원 이하의 벌금)에 처해질 수 있다(기존 법 제46조 제1항 제2호, 제2항 제1호의3).

않으면 인간사회의 규칙을 스스로 터득할 수 없다는 점에서 아동과 유사하다. 실제 반려동물 관련 법을 제정할 때 아동 관련 법률이 참고되기도 하는데, 이는 두 존재 다 사회의 보호가 뒤따라야 하는 부류로 여겨지기 때문이다. 그래서 이들에게는 "타인을 때리면(혹은 물면) 안 된다"는 규칙을 가르쳐야 하고, 이에 따라 교육받지 못한 아동(혹은 개)의 행동에 대한 책임은 보호자에게 귀속된다. 그럼에도 '개를 죽이면 문제가 해결된다'는 식의 극단적인 주장에 힘이 실린다. 물림 사고의 궁극적인 예방책은 보호자의 책임 강화이지 '물면 죽인다'는 협박이 아니다. 많은 사고가 목줄 미착용 탓에 발생한다. 보호자가 '산책 시 목줄이나 가슴줄을 착용해야 한다'는 법적 의무[28]만 제대로 준수하면 사고는 크게 줄 것이다. 만일 자신의 반려견이 다른 동물이나 사람을 물었거나, 물 위험이 있다면 교정 훈련을 받도록 하거나 입마개를 착용시켜야 한다. 물리적 관리만큼이나 심리적 관리도 중요하다. 보호자는 개의 성격을 잘 파악해 스트레스와 공격성을 키울 수 있는 조건을 최대한 제거해야 하며, 적절한 사회화 교육을 제공해야 한다. 독일 노르트라인-베스트팔렌주에서 체고 40센티미터 혹은 체중 20킬로그램 이상의 개를 기르려는 이는 적성 평가를 거쳐야 하며, 영국에서는 개가 사람을 위협하거나 공격한 경우 법원이 보호자에게 사육 금지 등의 조치를 내릴 수 있다. 개의 공격성이 보호자의 성향, 관리 실태, 교육의 문제에서 비롯된다는 사실을 명확히 알고 있기에 내릴 수 있는 조치들이다.[29]

개정법도 기존의 관점을 답습하고 있다. 보호자의 의무 및 자격 강화에 초점을 두는 대신, 공격적인 개를 맹견으로 지정하고 맹견의 사육이 공공의 안전에 위협이 될 우려가 크다고 판단되면 그 맹견을 '인도적으로 처리', 즉 안락사할 수 있도록 규정한 것이다. 이번 법 개정에 참고했다는 독일 법은 개 물림 사고가 발생할 경우 전문가들이 먼저 그 동물의 개별적인 공격성을 면밀히 평가하도록 하며, 이후 법원이 입마개 착용이나 교육 여부를 결정하도록 한다. 안락사는 교육이 불가능하거나 위험성이 중대할 경우에 한해, 그것도 가장 마지막 수단으로 고려된다.

독일의 사례에서 얻을 수 있는 깨달음은 '독일 같은 나라에서도 안락사를 시킨다니 안락사는 괜찮은 것'이 아닌, '안락사는 충분한 교정 행위 끝에, 신중한 고려 끝에, 그럼에도 아주 보수적으로 접근해야 하는 것'일 테다.

물림 사고를 바라보는 정부의 시선도 법이 가진 한계의 연장선상에 있다. 2022년 정부는 반려동물 관리 방안에 대해 국민 조사를 실시하며 '개 물림 사고를 유발한 개에 대한 안락사 필요성'을 물었다("귀하께서는 사람을 공격한 동물을 안락사할 수 있도록 해야 한다는 의견에 대해 어떻게 생각하십니까?"). 안락사의 필요성을 찬성과 반대의 문제로 규정한 이 질문은 사건의 본질—개 물림 사고는 왜 발생하는가, 그 책임은 누구에게 있는가—을 가림과 동시에 보복을 위한 동물 처벌의 비합리성 등 안락사 논의가 품고 있는 다양한 함의를 지운다. 인간과 동물 모두를 위해야 하는 법과 정부가 그 누구도 제대로 위하지 못하고 있는 것이다.

응답하라, 비봉아!

잠시 가슴이 벅찼다. 남방큰돌고래 비봉이는 주위에 나타난 야생 돌고래들과 번갈아 물살을 가르며 교감하는 듯했다. 2022년 9월 제주 포럼에 참석했던 나는 우연히 해양 환경 단체 핫핑크돌핀스 사무실을 들렀고, 그곳에서 한 영상을 봤다. 비봉이가 있는 제주 앞바다 가두리를 드론으로 촬영한 영상이었다. 핫핑크돌핀스의 대표는 매일 비봉이의 야생 적응 과정을 살피러 바다로 나간다고 했다. 기사로만 만났던 비봉이를 영상으로나마 제주에서 보게 되니, 한 번도 만난 적 없는 그가 무척 특별한 인연처럼 느껴졌다. 자연에 적응해 가는 모습도 기특했다.

2005년에 제주 비양도 앞바다에서 그물에 걸려 포획된 비봉이는 그 후 17년 동안이나 '퍼시픽 리솜' 수족관에 갇혀 지냈다. 고집스러운 성격으로 돌고래 쇼를 여러 번 거부하기도 했다는 비봉이는 다른 남방큰돌고래들보다 먼저 잡힌 탓에 혼자만 바다로 돌아가지 못했다.* 그러던 중 2022년 4월경 수족관이 폐관되면서 비봉이의 방류를 둘러싼 논의가 시작됐다. 해양수산부, 제주특별자치도, 제주대학교(김병엽 교수팀), 핫핑크돌핀스, 호반그룹(퍼시픽 리솜 측) 등으

---

* 남방큰돌고래는 포획이 금지된 종이며, 이를 사들여 돌고래 쇼에 동원하는 행위는 수산업법 위반이다. 제돌이, 태산이, 복순이, 춘삼이, 삼팔이 등 2009~2010년에 불법 포획된 남방큰돌고래들은 2013년 대법원의 몰수 판결(2012도16383판결) 등을 통해 각각 2013, 2015, 2017년에 바다에 방류되었지만, 비봉이는 2005년에 포획된 까닭에 몰수 대상에서 제외됐다.

로 구성된 협의체가 꾸려졌고, 이후 방류 여부와 방법, 시기 등에 대한 논의가 이뤄졌다. 그렇게 비봉이는 야생 적응 프로그램을 거친 뒤 2022년 10월 16일, 고향인 바다로 돌아가게 됐다.

그러나 푸른 바다를 누빌 것으로 기대됐던 비봉이는 현재(2023년 3월)까지 한 번도 모습을 비치지 않고 있다. 비봉이의 지느러미에 부착된 위치추적장치GPS 신호도 방류 후 단 한순간도 잡히지 않았다. 물론 GPS가 떨어져 나갔거나 제대로 작동하지 않고 있을 가능성도 있지만, 최악의 경우 비봉이가 사망한 것일 수도 있다.

이 같은 비보에 방류 자체가 부적절했거나 그 과정이 성급했다는 지적이 나왔다. 과거 금등이와 대포*처럼 비봉이도 수족관에서 너무 오래 산 탓에 야생에서 생존할 가능성이 극히 낮았던 것 아니냐는 것이다(적절하지 않은 방류는 유기일 수 있다). 신규 리조트 건설로 방류가 서둘러 진행된 점, 비봉이가 바다에 적응하지 못할 경우를 대비한 계획이 준비되지 않았다는 점도 비판받았다.[30]

그러나 매일 비봉이의 상태를 관찰하고 방류 과정에 직접 참여하기도 했던 핫핑크돌핀스는 다른 의견을 내놨다.[31] 악천후로 인해 종반에 방류가 급하게 결정된 점, 이로 인해 비봉이가 충분한 적응 과정을 거치지 못한 점, 비봉이의 안위를 최우선으로 한 그들의 의견이 협의체 내 소수였던 점 등 아쉬움이 아예 없는 건 아니지만, 분

---

*   퍼시픽랜드에서 15~20년을 지낸 금등이와 대포도 지난 2017년 제주 바다에 방류됐으나 생사가 파악되지 않아 폐사한 것으로 추정되고 있다. 이때도 방류 과정상의 인간 중심성, 짧은 바다 적응 기간 등이 지적되었다.

명 비봉이는 금등이, 대포와 달리 스스로 활어를 쫓아가 사냥하거나 주변에 출몰한 다른 돌고래들과 상호작용 하는 등 방류가 적합한 수준의 야생 적응력을 보였다는 게 그들의 설명이었다. 이러한 개체의 특성을 고려하지 않고 수족관에 오래 살았다는 이유만으로 자연으로의 복귀를 마냥 미룰 수 없었다고도 했다(방류 이외의 대안은 돌고래 쇼와 만지기 체험으로 악명 높은 거제씨월드의 수족관으로 비봉이를 보내는 것이었다).

비슷한 비극은 육지에서도 반복되고 있다. 사육 곰으로 사육되는 반달가슴곰은 국제적 멸종위기종이다. 하지만 천연기념물인 지리산 반달가슴곰과 달리 한반도에 자생하는 아종亞種, subspecies이 아니라는 이유로—사육 곰은 일본과 동남아 아종이다—그 사육 및 이용이 허용되고 있다.

그 시작은 1981년으로 거슬러 올라간다. 당시 정부는 농가 소득 제고를 위해 곰 수입을 허가하고 사육을 권장했다. 그러나 우리나라가 1993년 CITES*에 가입하면서 국제적 멸종위기종인 곰의 수출입이 전면 금지됐다. 정부는 농가의 항의를 잠재우기 위해 웅담 채취를 합법화했지만, 웅담을 찾는 사람이 점차 줄고 곰의 번식

---

*   CITES Convention on International Trade in Endangered Species of Wild Fauna and Flora는 1973년 체결된 '멸종위기에 처한 야생 동식물종의 국제 거래에 관한 협약'을 의미하며, 멸종위기 정도에 따라 부속서 I, II, III으로 분류된다. 우리나라도 이 협약에 가입하며 그 내용이 국내법에 반영되었다. 국제적 멸종위기종은 야생생물 보호 및 관리에 관한 법률 제2조 제3호에 따라 '국제적 멸종위기종 목록(환경부고시 제2019-224호)'을 통해 확인할 수 있다.

도 금지되면서 당시 사육됐던 사육 곰들은 그렇게 농가의 열악한 철창 안에 남겨졌다.[32] 그렇게 방치된 사육 곰들은 현재 300개체가 넘는다.

사육 곰 22개체는 환경부, 국립생태원, 동물자유연대, 충북대수의과대학 등 각계가 협업한 끝에 미국의 야생동물보호단체TWAS로 옮겨갔다. 사육 곰 보호 단체인 '곰 보금자리 프로젝트'는 남아 있는 사육 곰이 자연과 유사한 환경에서 본성에 따라 살아갈 수 있도록 국내에 곰 생크추어리를 짓고 있기도 하다. 한쪽에선 동물을 가두고, 다른 한쪽에선 동물을 풀어주는, 착취와 해방의 수레바퀴가 무한히 굴러가고 있는 모습이다.

다시 바다 이야기로 돌아가보자. 우리나라에서는 여전히 돌고래 21개체가 비좁은 수족관에 갇혀 살고 있다. 해양 생크추어리가 없는 현실에서의 방류란 바다로의 방류다. 앞으로 일어날지 모를 미래의 방류에 대비해 우리가 기억해야 할 것은 동물을 상업적으로 이용하는 행위의 폭력성, 그리고 방류 직전까지도 동물의 생명보다 기업의 이윤이 우선시되는 배금주의가 더 이상 반복되어선 안 된다는 깨달음일 것이다.

동물실험, 정말 필요할까?

2021년 1월, 국내 한 수의과대학 교수팀이 '반려견용 맞춤 제작 인공 안구의 안전성'을 실험하고자 비글의 멀쩡한 한쪽 눈을 적출한 뒤 인공 눈을 심은 사실이 드러났다. 해당 실험은 그 방법의 반윤리성과 폭력성으로 인해 많은 비난을 받은 동시에, 그 동기가 동물의 건강이 아닌 미용이었다면 실험 자체가 정당하지 않은 것이라는 국제 학계의 거센 비판을 받았다.[33]

가장 잔인하고 조직적이면서도 합법적으로 이뤄지는 동물 학대가 있다. 바로 동물실험이다. 인간의 안전, 그리고 과학적 진보라는 미명은 어미 원숭이에게서 새끼를 빼앗고, 그의 빈 품에 봉제 인형을 안겨왔다. 쥐, 토끼, 고양이, 개와 같은 동물들도 같은 이유로 자신의 의사와 상관없이 유해 물질을 먹거나 바른 뒤 죽었고, 설령 살더라도 극심한 고통을 겪어야 했다. 의학, 독성학, 심리학 등 각종 분야의 피험체가 된 동물들은 의도된 굶주림에 내몰리거나, 강한 전기 충격 또는 고온에 죽을 때까지 노출되기도 한다. 우리나라에서 한 해에만 약 488만 마리가 실험에 동원되며, 그중 절반이 고통 등급 E에 해당되는 '극심한' 수준의 고통을 겪는다.[34] 실험을 하는 이들, 실험에 직접 참여하지 않더라도 동물실험의 메커니즘을 아는 이들은 실험 행위의 잔학성을 인지하고 있다. 다만, 그것의 불가피성에 동의하거나 동물실험이 아닌 다른 방법을 사용하고 싶어하지 않을 뿐이다. 그렇다고 외부인이 나서서 동물실험을 멈추자고 강변할 수도 없다. 고도의 전문성이 요구되는 실험·연구 분야의 특성상, 그 과정이나 정보, 문제에 대한 접근이 어렵고, 실험동물에 대한 사람들의 관심이 반려동물에 대한 관심에 비해 상대적으로 적은 까닭에 이슈를 쟁점화하기도 어렵기 때문이다.

동물실험이 갖고 있는 모순은 또 있다. 실험이 꼭 필요하지 않을 때조차 행해진다는 사실이다. 수십 년간 많은 과학자와 의사가 동물실험에서 확인된 결과를 인간에게 그대로 적용할 수 없다는 사실을 꾸준히 주장해왔다. 이종 간의 약물 대사 메커니즘이 다르기 때문에 동물에 적합했던 약물이 인간의 몸에서 부작용을 일으킬 수 있다는 이유에서였다. 1950년대 후반부터 1960년대 초반까지 임신부 입덧 치료제로 사용된 탈리도마이드는 시판 전 독성에 대한 동물실험을 거쳤고, 별다른 이상이 발견되지 않았다. 하지만 이를 복용한 이들이 낳은 신생아 약 1만 명에게서 선천적 기형이 나타났다. 지금은 사용이 중지된 관절염 치료제 오프렌 역시 시판 전 동물실험을 통해 안전성을 판명받았음에도 61명에 달하는 사망자가 발생했으며, 3500건에 달하는 부작용이 보고됐다. 의약품 허가 시 설치류 한 종과 비설치류 한 종 등에 대한 독성시험을 요구해온 미국 식품의약국FDA 역시 이제는 동물실험을 요구하지 않기로 했다. 신약 후보 물질 10개 중 9개가 동물실험을 진행하고도 임상시험에서 실패하고 있는 현실을 반영한 것이다.[35] 이미 결과가 알려져 있거나 다른 방법을 통해 확인할 수 있는 사실을 재확인하는 데 지나지 않는 실험도 다수다. 과학 잡지 『사이언티스트』에 따르면 같은 방식의 동물실험을 타당한 이유 없이 수십 차례 되풀이하는 경우도 종종 있다.[36] 관례적, 형식적으로 이뤄지는 동물실험을 걸러내고 줄이는 것만으로도 애먼 동물들의 죽음을 막을 수 있는 것이다.

　이러한 문제의식이 대두되며 동물실험의 대안인 동물대체시험

도 주목받게 됐다. 오가노이드,* 장기 칩**으로 진행하는 미세생체조
직시스템 연구, 독성발현경로 연구, 통합접근시험평가 등이 이에 해
당된다. 쉽게 말해 사람의 세포와 조직, 혹은 그와 유사한 실험체를
이용하거나, 거기에 등록된 데이터를 분석해 독성 반응을 예측하는
실험 방식이다. 심지어 이 시험법은 동물실험보다 정확도와 신뢰도
가 더 높은 것으로 알려져 있다.[37] 국제적으로도 동물실험을 대체할
기술 개발 및 정책 논의가 활발히 진행 중이다. 미국 환경보호청EPA
은 2035년까지 포유류 동물을 대상으로 하는 실험을 모두 금지하
고, 이를 대체할 컴퓨터 예측 모델링 실험 등을 전폭 지원하겠다고
밝혔다. 국내에서는 식품의약품안전처 산하에 동물대체시험법검증
센터가 설치되었으며, '동물대체시험법 촉진법'이 발의되기도 했다.
동물과 인간 모두에게 이로운 동물대체시험을 두고 군이 동물실험
을 할 이유가 없다는 데 대한 공감대가 확산되는 모습이다.

그렇다고 당장 오늘부터 동물실험을 중단할 순 없는 일 아닌가.
그렇다면 지금보다 동물에 고통을 덜 가하는, 더 나은 방법으로의
전환을 꾀해볼 순 있을 것이다. 법***에 이미 담겨 있듯, 3Rs 원칙을
지킴으로써 말이다.[38] 다만 해당 원칙이 지켜지지 않은 경우에 대

---

* 　줄기세포를 배양 및 재조합해 만든 장기 유사체.
** 　전자회로가 놓인 칩에 장기를 구성하는 세포를 배양시킴으로써 해당 장기의
　　기능과 특성, 세포 반응 등을 구현하는 기술.
*** 동물실험을 하려는 동물실험시행기관의 장은 동물실험윤리위원회의 심의를
　　거쳐야 하고, 윤리위원회는 동물실험이 3Rs 원칙에 따라 시행되도록 지도,
　　감독해야 한다.

한 직접적인 규제가 없고(심지어 윤리위원회의 심의를 거치지 않고 실험하더라도, 고작 500만 원 이하의 과태료만 물면 된다), 2021년 동물실험윤리위원회가 심의한 4만 8535건 중 200건을 제외한 모든 실험이 통과됐다는 점을 미루어볼 때, 정책적으로나 일상적으로 면밀한 관리·감독이 이뤄지지 않는 현실을 먼저 개선해야 할 것이다.

실험 방식뿐 아니라 실험동물을 '조달'하는 방식에 대한 모니터링도 필요하다. 법적으로 유실·유기 동물 및 봉사 동물(장애인 보조견 등 사람이나 국가를 위해 봉사한 동물)을 대상으로 하는 동물실험이 금지됨에도,[39] 서울대 수의대 모 교수팀은 인천공항의 검역 탐지견이었던 비글을 반입해 실험에 동원하기도 했다.

이미 유럽연합, 이스라엘, 인도, 타이완 등지에서는 화장품 개발 시의 동물실험을 금지했고, 그 규제 범위는 의약품 개발 등 다양한 분야로 확대되고 있다. 우리나라에서도 2016년 동물실험을 실시한 화장품이나 그러한 원료를 사용해 제조한 화장품을 유통, 판매하지 못하도록 하는 화장품법 조항(제15조의2)이 신설됐다. 나 역시 물건을 살 때 소비 윤리를 끊임없이 의식하려고 한다. 선택의 권리를 더 까다롭게 행사하려는 것이다. 규제는 저 홀로 세상을 바꿀 수 없기 때문이다.

원숭이의 합당한 분노

동물이 있을 거라 기대할 수 없는 어떤 장소에 놀러 갔다가 일본

원숭이를 마주친 적이 있다. 원숭이는 3제곱미터쯤 되는 사육장 한 가운데에 덩그러니 앉아 있었다. 사람들은 원숭이가 신기한지 이리 저리 들여다보고 과자도 던졌다. 원숭이가 있는 사육장 내부에는 사람들의 시선을 피해 숨을 곳도, 편안하게 몸을 누일 곳도 없었다. 힘 없이 앉아 있던 원숭이는 가까이 다가오는 사람들에게 흥분해 펜스로 달려들었다. 붉은 얼굴이 더 붉어지며 씩씩거리던 그의 모습이 오래도록 뇌리에 남았다. 이처럼 열악한 환경에서 지내는 동물을 마주할 때마다 나의 행복도는 확확 꺾인다. 그 자리에서 어떠한 행동도 취할 수 없었던 나는 불편한 마음을 안고 집으로 돌아왔다. 그러고는 관련 법령을 더 자세히 찾아보았다.

일본원숭이는 국제적 멸종위기종(CITES 2급)이다. 야생생물법에 따라, 국제적 멸종위기종은 수입·수출·반출·반입에 있어 환경부 장관의 허가를 받아야 한다.[40] 허가받지 않은 국제적 멸종위기종과 그 가공품은 포획·채취·구입·양도·양수 및 그 알선·중개·소유·점유·진열을 할 수 없다.[41] 한편, 야생생물법 시행령이 정한 국제적 멸종위기종을 사육할 경우, 적정한 사육 시설 및 기준—온도·습도·조명·건강 및 행동 관리에 자질 있는 사육사 등—을 갖추어 환경부 장관에게 등록해야 한다.[42] 위 내용을 위반하면 각 3년 이하의 징역 또는 300만 원 이상 3000만 원 이하의 벌금에 처해질 수 있다.[43]

그러나 내가 목격한 시설은 도저히 법이 정한 기준을 충족했다고 볼 수 없는 곳이었다. 나는 결국 민원을 넣었다. 만일 보호자가 원숭이를 계속 그런 식으로 기른다면, 2023년 12월 14일부터 시행

되는 개정 야생생물법에도 위반될 터였다.[*]

몇 주가 흘렀을까? 환경부로부터 답변이 날아왔다. '원숭이의 보호자가 사육 시설을 등록하지 않는 등 법을 위반한 상태이므로 형사 고발 조치를 하고, 해당 원숭이는 추후에 보호시설로 인계될 예정이며, 만일 시설의 공간이 부족하면 우선적으로 현재의 사육 시설 환경을 개선하도록 요구하겠다'는 내용이었다.

이번 일은 내게 두 가지 깨달음을 안겨주었다. 첫 번째는 법률의 존재를 앞서 파악하고 있는 것이 상황을 개선시키는 데 중요하다는 것이다. 나는 이미 존재하고 있는 야생생물법을 활용해 "그 법을 적용해달라"는 민원을 넣었고, 이후 개선을 약속하는 긍정적인 답변을 받을 수 있었다. 일본원숭이가 당장 구조되지 못할지라도, 구조의 단초는 마련한 셈이다. 이는 내가 변호사이기에 가능했던 일이 아니다. 당장 법률을 알지 못하더라도 "어? 저 동물이 저기서 저렇게 지내는 게 맞나?" 하는 의구심만 있다면, 검색으로 법률을 확인해볼 수 있다(법제처가 운영하는 국가법령정보센터 사이트 검색창에 동물, 야생 등 간단한 키워드만 입력하면—포인트는 여기에 있다. 정확한 법률 명칭을 몰라도 된다!—관련 법령들을 바로 들여다볼 수 있다).

두 번째는 국내에 야생동물 보호시설 또는 생크추어리는 꼭 있어야겠구나 하는 것이다. 나는 환경부 답변에 안심하는 한편, 최악의 상황을 염두에 두지 않을 수 없었다. 환경부가 상정한 '시설의 공간이 부족'한 탓에 작금의 그 사육장에서 더 지내게 될 원숭이의 상

---

[*]   2부 야생생물법 개정안 내용 참고.

황을 말이다. 구조될 수 있음에도 구조되지 못하는 비극을 막기 위해서라도 야생동물 보호시설은 꼭 필요하다.

2022년 한 해에 구조된 야생동물은 총 2만 161개체, 그중 7099개체가 치료 후 방사되었다.[44] 하지만 방사가 능사는 아니다. 오히려 생태계 교란 위험으로 방사할 수 없는 경우도 있다. 이런 갖가지 상황을 고려해볼 때 야생동물을 더 안정적인 환경에서 치료, 보호할 수 있는 생크추어리가 있어야 한다. 야생생물법이 개정됨에 따라 그동안 카페에서 전시되던 야생동물들이 유기·방치될 우려가 높아진 것도, 그들을 품을 공간으로서의 생크추어리의 필요성에 힘을 더한다.

야생동물 보호시설이 아예 없는 것은 아니다. 2023년 2월 기준, 약 580개체를 수용할 수 있는 국립생태원이 충남 서천에 있다. 이 외에도 전국적으로 약 19곳의 야생동물 구조 관리 센터가 존재한다. 다만 필요에 비해 그 규모가 작을뿐이다. 아울러 그곳들은 야생동물을 장기적으로 보호·수용하기보다는 구조·치료하여 방사하는데 더 집중하고 있다. 환경부와 국립생태원은 2023년 말까지 국립생태원 부지에 300~400개체를 수용할 수 있는 '유기·방치 야생동물 보호시설'을 짓고, 2025년까지 약 800개체 수용이 가능한 야생동물 보호시설을 추가로 건립하겠다고 밝혔다.[45]

사람들에게 분노하던 원숭이의 모습이 계속 떠오른다. 그가 분출하던 감정은 지극히 합당하고 당연한 것이었다. 인간은 좁은 곳에 갇혀 더위와 추위, 외로움과 싸울 수 없다. 심지어 그 모습이 타자의 눈요깃거리가 된다? 더더욱 견딜 수 없을 것이다. 동물이라고 다르지 않다. 그때 그 원숭이는 펜스로 달려드는 것 말고는 아무것도 할 수 없었다. 그의 고통은 언어, 즉 인간의 언어로 표현될 수 없다. 인간이 그들의 언어가 되어줘야 하는 이유다. 대신 분노해줄 누군가의 존재, 도움의 근거가 되어줄 촘촘한 법령의 존재, 적절한 보호시설의 존재, 이 모든 것이 공존할 때 제대로 된 구조와 조치가 이뤄질 수 있다. 우리 사회가 해결해야 할 숙제가 바로 이것들이다.

고달픈 삶에 무게를 더하지는 않도록

멀리서 봐도 고양이였다. 2차선 도로 한가운데에 누워 있던 고양이는 꼬리를 잠깐 흔들었다. 숨이 멎기 전 마지막 안간힘이었던 것 같다. 차에 치인 지 얼마 지나지 않은 그 고양이를 나 역시 다른 차들처럼 지나치려다 결국 갓길에 차를 세웠다. 뭘 어떻게 해야겠다는 계획이 있진 않았다.

살아 있으려나? 상태를 보니 그런 것 같지 않았다. 관할 시청에 전화를 걸어 "로드킬 당한 고양이가 있다"고 신고했지만, 담당자가 언제 올지 모를 일이었다. 그때까지 도로에 고양이를 방치했다가는 사체를 온전히 보전하지 못할 것이었다. 나는 그를 길옆 풀숲에 옮기기로 했다. 차에서 수건을 가져와 몸통을 감싸 들었다. 아직 온기가 남아 있는 몸은 깜빡임 없는 두 눈과 도저히 어울리지 않았다. 조금 뒤면 무수한 동물의 사체를 처리해온 사람이 직업적 능숙함으로 너를 수거 차량에 싣겠지. 이생에서 이 고양이의 삶이 어땠을지 나는 알 것 같았다.

길에서 살아가는 동물의 삶이란 유독 고되다. 추위와 더위, 배고
픔, 해충과 싸워야 함은 물론 같은 종끼리의 영역 다툼, 로드킬, 학
대의 위험에도 노출되어 있다. 이들에게 행복은 먼 일, 오직 생존만
이 코앞의 과제다. 자연적으로는 평균 15년 안팎을 사는 고양이지
만 길에서는 고작 3~5년을 살다 죽는다.

헌법, 행정법, 형법 등 공법의 영역에 전반적으로 적용되는 법률
상 원칙으로 '과잉금지의 원칙' 또는 '비례의 원칙'이라는 게 있다.
어떠한 권리나 법적 이익을 제한하려고 할 때에는 그 제한하려는
목적이 정당해야 하고(목적의 정당성), 수단이 적절해야 하며(수단의
적합성), 그 침해는 최소한도에 그쳐야 하고(침해의 최소성), 보호하
려는 이익과 침해되는 이익을 비교할 때 전자가 더 커야 함(법익의
균형성)을 규정한 원칙이다.

야생에서 살아가는 동물들(길고양이, 사람과 함께 살다 들개가 된
개, 재산에 피해를 준다며 '유해' 야생동물로 지정한 동물 등*)도 엄연히
동물보호법상 보호 대상 동물에 해당된다. 그리고 동물의 생명, 신
체 보호 및 국민의 생명 존중 의식 함양은 사회적으로 보호되어야
할 법익이기도 하다. 따라서 동물의 생명과 신체의 보호라는 사회적

---

* 　장기간에 걸쳐 무리를 지어 농작물 또는 과수에 피해를 주는 참새, 까치, 까
　마귀 등과 일부 지역에서의 서식 밀도가 너무 높아 농·임·수산업에 피해를
　주는 꿩, 멧비둘기, 고라니, 멧돼지, 청설모 등이 이에 포함된다(야생생물 보
　호 및 관리에 관한 법률 시행규칙 별표3). 고라니는 국제적 멸종위기종임에도,
　우리나라에서는 농작물에 피해를 끼친다는 이유로 유해종으로 분류된다.

법익을 제한하려는 행위는 과잉금지의 원칙의 바탕에서 이루어져야 한다.

물론 과잉금지의 원칙은 헌법상 근거가 되는 제37조 제2항에 따라, 국민의 자유와 권리를 제한하는 행위에 대해 인정되는 것이지만, 동물의 생명과 신체 보호, 안전 보장이라는 법익이 보호되지 못하고 있는 현실에서는 그 원리를 확장, 적용할 필요가 있다는 게 내의견이다.

일부 사람들은 음식물 쓰레기봉투를 뜯고, 그 주위를 어지럽힌다는 이유로 길고양이를 해코지한다. 쓰레기를 뚜껑 달린 통에 배출한다거나 따로 급식소를 설치해 해결할 수 있음에도 이런 공생의 노력을 기울이기에 앞서 대상을 해치거나 없애는 길을 더 쉽게 택한다. 들개가 사람에게 위협적이라며 포획해 죽이는 경우도 있다.* 농작물에 피해를 끼친다며 멧돼지나 고라니를 사살하는 경우도 흔하다.** 모두 수단의 적합성이나 침해의 최소성을 충족시키지 않은, 과잉금지의 원칙을 위반한 사례라고 할 수 있다.

법익의 균형성, 즉 어떠한 법익이 더 우선하는가에 대한 가치판

---

*   2018년 9월, 유기견 상암이는 위험성이 거의 없었음에도 마취약을 과다 사용한 마취총에 맞아 사망했다.

**   생태원 내 식물에 피해를 입힌 고라니를 사살한 한 지자체는 이에 대한 비판이 이어지자 생태원 내부에 고라니 숲을 만들어 그를 직접 돌보고 교육적 가치를 도모하겠다고 밝힌 바 있다. 조금만 관점을 달리하면 이처럼 생명을 빼앗지 않고도 공존할 수 있는 방법들이 있기에 희생된 생명에 대한 안타까움이 더욱 크다.

단에는 당대의 사회 통념이 개입될 수밖에 없다. 사람의 생명과 동물의 생명 중 무엇이 우선하는지 묻는 질문에 우리 사회는 당연히 이렇게 답할 것이다. 전자입니다. 다만 이어지는 질문에 대해서는 좀더 진보적으로 생각해볼 수 있을 것이다. 재산(농작물)과 동물의 생명 중 무엇이 더 중요한가요?

일전에 주한 오스트리아 대사 부부를 만나 동물에 대해 이야기를 나눈 적이 있다. 직업 특성상 수많은 나라에 다녔을 그들은 칠레를 '고양이들의 천국'이라고 했다. 길고양이들이 어디에나 있고, 심지어 상점에도 별다른 제지 없이 들락거린다고 했다. 칠레 고양이가 쓰레기봉투를 뜯지 않아서는 아닐 것이다.

사랑하지 않아도 괜찮다. 적대를 드러내지만 않는다면 말이다. 이미 고달픈 삶에 무게를 더할 필요는 없지 않겠는가.

4부

조금
다르게
살기

나의 육식 해방 일지

비거니즘을 실천하는 사람들은 저마다의 계기와 이유를 갖고 있다. 내 시작은 우선 '덜 먹기'였다. 나는 2011년 우연히 본 한 장의 사진을 계기로 한동안 육고기를 못 먹었다. 시위 참여자들이 살아 있는 새끼 돼지를 잔혹하게 죽이는 장면이 담긴 사진이었다. 그 사진은 그 전까지 인간의 일만을 고민하며 살던 나를 동물의 권리와 행복까지 고민하는 삶으로 이끌었고, 이후 완벽하진 않지만 채식주의자에 가까운 일상을 살도록 만들었다.

곧바로 비건이 된 것도 아니었다. 당시 나는 페스코 베지테리언*의 식단을 택했음에도 일상 곳곳에서 수많은 불편함을 마주해야 했다. 육식할 땐 미처 절감하지 못했던 사실, 대다수 식당이 매우 '육식적'이라는 그 사실이 큰 불편으로 찾아왔다. 거의 모든 메뉴에 육류 혹은 육가공품이 포함되어 있었으며, 채식 메뉴가 있더라도 한두 개에 그쳤다. 채식하는 모든 이가 겪는다는 '선택 아닌 선택'을

---

* 소, 돼지, 닭 등 육류는 먹지 않고 생선, 유제품, 달걀 등은 먹는 채식 유형.

해야 하는 순간을 나 역시 맞닥뜨리게 된 것이었다. 혼자라면 차라리 나왔다. 사회 초년생 시절에는 회식이 잦았고, 회식이란 1차 고깃집과 2차 치킨집을 기본으로 했다. 고깃집에서는 버섯, 감자를 구워 먹을 수 있었지만, 설렁탕집이라도 가는 날엔 밥과 깍두기만 먹어야 했다.

먹을 걸 못 먹는 것보다 나를 더 괴롭힌 것은 나 때문에 회식 장소가 변경되는 상황이었다. 교수, 동료들의 평가가 추후 취업에 영향을 주는 사회에서, 사법연수생이, 갓 법무 법인에 입사한 신입이 고기를 먹지 않는다는 것은 그 자체로 '튀는 일' '유별난 일'이었다. 사람들은 매번 내게 고기를 안 먹는 이유를 물어왔다. 과로로 딱 한 번 쓰러졌을 때도 그 원인을 채식에서 찾았다. "고기를 안 먹어서 그래." 난 생선은 먹고 있었는데도 말이다.

고기를 택하지 않음으로써 발생하는 여러 피로를 감수해야 했지만 나는 여전히 채식을 지향한다. '완전 채식'에의 선망이 있음에도 선뜻 '완전해지지 못하는' 이유는 직업 특성과 관련이 있다. 변호사는 끊임없이 다양한 사람을 만나게 되는데, 그렇게 만나는 이들에게 일일이 채식하는 이유를 설명—우리 사회에서 채식은 여전히 소명되어야 하는 일이다—해야 하는 것도 피곤했고, 채식 선언이 논쟁으로 비화되는 상황이 싫기도 했다(직업인 아닌 자연인으로서의 나는 의외로 논쟁을 싫어한다). 그래서 애써 부연하고 갈등하기 싫을 땐 그냥 먹었다. 내게 메뉴 고를 자유가 주어졌을 때 비건 식단을 추구하는 것으로 내 지향을 지켜나가고자 했다.

하지만 이게 '반쪽 채식'을 하는 이유의 전부는 아니다. 채식이 동물을 위한 것이든 건강을 위한 것이든, '꼭 이렇게 해야만 한다'는 강박에 사로잡힌 채 하기는 싫었다. 나는 어떤 일을 '할 수 있는 만큼' 무리하지 않고 하는 것이 그것을 오래 할 수 있는 방법이라고 생각한다.

육식 다시 보기

세상은 오늘도 고기를 먹는다. 그냥 먹는 것이 아니라 많이 먹는다. 숫자로 보는 그 규모는 더욱 새삼스럽다. 축산물안전관리시스템에 따르면, 2022년 기준 우리나라에서 식용 목적으로 도축된 동물은 닭 10억 2457만 7622마리, 돼지 1855만 6215마리, 소 101만 4686마리다. 전년도와 비교했을 때, 돼지와 소 도축량이 모두 증가했다. 과도한 육식은 필연적으로 '더 많은 고기를 더 빨리 얻어야 한다'는 생산성 논리를 수반한다. 목표 달성을 위해 닭은 공책만 한 크기의 닭장에서 날개도 못 편 채 살아가며, 수돼지는 마취도 없이 거세되고, 암돼지는 스톨이라 불리는 좁은 감금 틀에서 주야장천 새끼를 낳는다. 한 번에 8~9마리의 새끼를 낳는 암돼지의 번식력은 그자신이 경험하는 지옥의 근원이 된다.[1] 풀 대신 곡물 배합 사료를 먹으며 30개월 안팎의 짧은 생을 살다 가는 소 역시 불행하기는 마찬가지다.[*]

---

[*]   스위스에서는 1991년 말 산란계를 배터리 케이지에서 사육하는 것을 금지했고, 2020년에는 살아 있는 병아리를 분쇄하는 것을 금지했다. 비좁은 개별 우리에 송아지, 암돼지를 감금하여 사육하는 것도 영국 외 유럽 등지, 미

우리 인간은 다양한 영역에서 이토록 수많은 동물을 착취한다. 먹기 위해, 입기 위해, 보기 위해, 즐겁기 위해, 시험하기 위해 동물을 이용하며, 길고도 꾸준한 이용의 역사 속에서 동물 착취는 '향유하는 인간'의 당연한 권리가 되었다. 캐럴 제이 애덤스는 저서 『육식의 성정치』에서 "우리 문화는 대체로 동물 억압을 수용하는 분위기이며, 인간이 이익을 얻으려고 동물을 착취하는 현실도 윤리적으로나 정치적으로 혼란을 불러일으키지 않는다"라고 지적했다. 이처럼 우리 사회에서 육식은 의심하고 재고해봐야 할 윤리적·정치적 사안이 아닌 자연적인 현상으로 여겨진다. 각종 방송과 SNS에는 미식으로서의 고기가 늘 전시되며, 이때 고기는 그것이 과거 살아 있는 동물이었다는 사실과 그 착취 과정이 지워진, 이제껏 먹어왔으니 앞으로도 먹는 '메뉴'로서 응당 존재해야 하는 선택지로 여겨진다.

하지만 이 같은 육식 중심적 현실에 대해 다시금 반성적 물음을 제기해볼 수 있을 것이다. 각자의 건강*과 지구 환경,** 또 동물권을

국 콜로라도주, 캘리포니아주에서는 불법이다. 우리나라도 2020년 2월부터 임신돈의 스톨 사육을 금지하고 있으나(축산법 제22조 제1항, 같은 법 시행령 제14조 제2항, 별표1), 그 밖의 사안에 대해서는 여전히 별도의 규제가 없는 상황이다.

* 채식은 고혈압 등 심혈관계 질환, 당뇨병 및 암—특히 유방암, 대장암—을 예방하는 데 도움이 되는 것으로 알려져 있다.[2]

** 공장식 축산은 산림 벌채를 요한다. 축산 동물이 내뿜는 엄청난 양의 온실가스 역시 기후위기를 가속화시킨다. 독일, 타이완, 스웨덴 등 국제공동연구팀이 2022년 5월 『네이처』에 발표한 연구 결과에 따르면, 미생물 발효육으로

고려하는 맥락에서 과연 지금과 같은 육식 문화가 지속되는 것이 괜찮을까?

나는 이 질문에 대한 응답으로 비거니즘 실천을 택했다. 나는 그렇게 두부, 콩, 버섯, 마늘, 각종 채소 요리를 이전보다 더 자주 먹고 있다(고기로 얻을 수 있는 필수 아미노산은 두부, 콩, 퀴노아에서도 얻을 수 있다고 한다). 자주 먹다 보니 빠르고 간단하면서도 맛있게 먹는 방법도 터득했다. 가장 좋아하는 안주는 아스파라거스 구이다.(팬에 올리브유를 두르고 아스파라거스를 굽다가 소금, 후추를 뿌려 마무리한다. 재료 본연의 맛이 가장 훌륭한 법이니까!) 가끔 우유나 버터가 들어간 빵이나 관자도 먹지만 덜 먹으려고 노력한다. 계란은 닭을 자유롭게 키우는 산지에서 직송된 난각번호 1번 계란—비교적 저렴한 난각번호 4번 계란은 좁은 케이지에 갇힌 닭이 낳은 계란이다—을 구입한다. 가격이 부담되어 계란을 덜 먹게 된다는 장점도 있다. 함께하는 저녁 식사에서 고깃집에 가야만 할 때에는 고기 없는 가벼운 메뉴를 선택하거나 식사량 자체를 줄인다. 비거니즘은 생활 전반에 대한 기조이기에, 결코 식사에 국한되지 않는다. 화장품도 동물실험을 하지 않은 크루얼티 프리 제품이나, 동물성 원료가 쓰이지 않은 비건 제품*을 사용하려고 하며, 의류와 가방 역시 동물의 가

전 세계 소고기 소비의 20퍼센트를 대체하면, 2050년까지 삼림 파괴와 이산화탄소 배출을 절반가량 줄일 수 있다.

* 국내 동물권 단체인 동물해방물결 웹사이트나 국제 동물권 단체인 PETA 웹사이트에서도 찾아볼 수 있다.

죽이나 털을 사용하지 않은 상품을 구매한다. 오래전 멋모르고 샀던 가죽 가방은 이미 산 것이니 그냥 쓸 때도 있지만, 주로 에코백이나 협회에서 나눠준 가방을 든다.

당연히 이런 나의 방법이 비거니즘의 정도正道는 아니다. 비거니즘은 각자의 자리에서 각자의 행위로써 구현될 것이다. 내가 동물의 생명과 이익이 침해당한 사건을 변호하는 것은 직업인으로서 비거니즘을 실천하는 방식이다. 사업가가 동물을 경유하지 않는 윤리적 방식으로 상품을 생산하는 것, 언론이 동물 착취 실태를 폭로하고 관련자 처벌을 촉구하는 기사를 작성하는 것, 요식업 종사자가 메뉴에 비건 옵션을 두는 것 모두 각자의 자리에서 행하는 비거니즘일 것이다.

오늘까지 매 끼니 고기를 먹던 '나'가 내일부터 당장 완벽한 채식을 할 수 있을까? 굳은 각오로도 결코 쉽지 않을 것이다. 조금씩 줄여나가면 된다. 줄여나가기 힘들다면 지켜나가기라도 하면 된다(폴 매카트니가 제안한 '고기 없는 월요일'처럼 월요일만이라도 채식을 하는 것이다). 나 역시 이러한 마음가짐으로 비거니즘을 이어나가고 있다. 중요한 건 과거에는 일부 유별난 사람들이나 하는 것으로 여겨지던 채식을 이제는 누구든 언제든 시작할 수 있게 됐다는 점, 그렇게 육식의 연속성에 균열이 가기 시작했다는 점이다. 우리의 '완전하진 않지만 계속되는' 비거니즘이 그 불연속성을 더 뚜렷하고 더 분명하게 만들 것이다.

노키드와 아파트 시대에
아이, 반려견과 주택에서 산다는 것

나는 어린 시절의 대부분을 아파트에서 살았다. 여러 아파트를 옮겨다녔지만 구조와 생활 환경은 다 거기서 거기였고, 십수 년을 산 그곳에 대한 특별한 인상도 없다. 무슨 이유에서인지 나는 아파트 엘리베이터가 내가 사는 층에 나를 내려주지 않는 악몽을 자주 꿨다.

대학생 시절 뉴질랜드로 워킹홀리데이를 떠났다. 그곳에서 처음으로 각자 조금씩 다르게 살아가는 사람들을 만났고, 그 다름이 내게 큰 충격을 안겼다. 각 집에는 그 안에서 살아가는 사람들의 개성이 묻어 있었고, 취향껏 관리한 정원도 있어 초록을 쉽게 만날 수 있었다. 찌를 듯이 높은 건물이 없어 목을 크게 젖히지 않아도 푸른 하늘을 바라다볼 수 있었다. 그곳에서는 서로 자기가 사는 집의 넓이를 묻는 일도 없었고, 집이 위치한 동네로 사람을 재단하는 일도 없었다. 집이란 과시나 투기의 대상이 아닌, 그저 휴식하고 자아를 실현하는 공간이었다. 자연과 가까이 살아가는 사람들은 여유롭고 행복해 보였다. 그때가 시작이었을 것이다. 자연을 벗 삼아 사는 꿈을 꾸게 된 것이.

서울에서 일을 시작하면서 그런 꿈은 사치라는 걸 알게 됐다. 일단 마당 있는 주택이 거의 없었고, 출퇴근 현실을 고려하면 역시나 역세권에 위치한 공동주택을 선택하는 게 가장 합리적이었다. 이런 이유로 나와 남편은 서울에 있는 한 아파트에 전세로 들어갔다. 유년기의 연장이었다. 좁고 단순한 집에 오래 있기가 싫어 우리는 주말마다 뻔질나게 밖으로 나갔다. 서울은 사람도 많고 차도 많은 데다, 주거 환경도 이냥저냥인데 집값은 또 왜 이렇게 비싼 건지. 집앞 편의점을 언제든 이용할 수 있다는 게 장점이라면 장점이었지만 우린 편의점파도 아니었다.

그렇게 불만 속에 살다 보니 어느새 전세 계약을 연장할 시기가 다가왔다. 나는 도저히 그 생활을 연장하고 싶지 않았다.

"우리 이참에 경기도로 나가서 집 지을까?"

"출퇴근하는 데 한참 걸릴 텐데?"

"출퇴근은 어차피 지금도 힘들어……."

당시의 나는 지옥철 출퇴근자였다. 그리고 출퇴근 시간의 지옥철을 경험해본 사람이라면 알 것이다. 이름만큼이나 가혹한 그 지옥의 맛을.

"그럴까? 집 지으면 이사 안 다녀도 되고 좋긴 하겠다."

그렇게 의기투합한 나와 남편은 은행의 존재를 염두에 둔 채, 주말마다 땅을 보러 다니기 시작했다. 용인, 광주, 양평 등을 다니며 오로지 방문했을 때의 느낌만으로 한 곳을 골랐다. 집을 짓겠다고 결정하자마자, 내 결정을 기다리는 수백 가지의 선택지가 쏟아졌다. 바닥은 무엇으로 깔지, 창호는 어떤 타입으로 달지, 벽지는 무슨 색으로 바를지. 사법시험 문제보다 더 모호한 문항들을 하나둘 풀어나갔다. 집 한 채 짓고 나면 10년은 늙는다던 누군가의 말은 괜한 것이 아니었다.

주택으로의 이사가 정해지니, 가슴 한편에 담아두고만 있던 소망 하나가 빼꼼 고개를 내밀었다. 이제 유기견 한 마리 입양해도 되지 않을까? 때마침 보호소에서 찍힌 어떤 강아지 사진을 보게 됐다. 반달가슴곰을 닮은 아이는 케이지 구석에 앉아 소심한 표정을 하고 몸을 잔뜩 웅크리고 있었다. 짙은 고동색 털과 앞가슴에 앙증맞게 모인 한 획의 하얀 털 무더기. 나는 그 아이를 자주 생각했다. 아무도 데려가지 않으면 내가 그를 입양하고 싶다고도 생각했다. 그리고 그 바람은 현실이 됐다. 그렇게 우리 집에 고미가 왔다!

고미가 신나게 뛰어놀 수 있도록 마당에는 잔디를, 집 안에는 푹신한 장판을 깔았다. 하루에도 몇 번씩 마당을 오가며 배변을 해야 하니, 마당으로 통하는 문도 필수였다.

드디어 열 달여 만에 집이 완공되었다. 나와 남편, 고미 이렇게 셋은 무척 설레는 마음으로 새집에 들어갔다. 새집을 가장 좋아한 건 역시 고미가 아닐까 싶다. 너른 실내와 풀 밟히는 마당에 신이 나서 이곳저곳을 마구 헤집던 고미의 모습이 눈에 선하다. 이런 곳이라면 고미의 동생을 키워도 좋을 것 같아, 고미를 발견한 포인핸드를 통해 백구 래미도 입양했다. 인연이 인연을 낳은 것일까? 래미가 우리 가족이 된 후, 아이도 생겼다. 그렇게 이 집은 현재 다섯 존재가 복작거리며 살아가는 곳이 되었다.

이곳에서 지낸 지난 4년간 많은 추억이 쌓였다. 지금은 망아지지만 어려서 조그맣던 시절의 래미는 계단을 쉽게 내려오지 못했는데, 고미가 그 옆에서 시범을 보이며 래미가 스스로 계단을 내려갈 수 있도록 도왔다. 그 모습을 나는 아직도 기억한다. 또 우는 아기를 돌보느라, 격무에 시달리느라 잠을 이루지 못하는 내 곁을 오래도록 같은 포즈로 지키던 고미의 모습, 코로나로 외출이 어렵던 때, 마당에 쳐둔 텐트에서 아이와 고미, 래미가 간식을 나눠 먹던 애틋한 모습이 집 안 곳곳에 서려 있다.

주택에 살다 보니 집으로 놀러 오는 사람도 많아졌다. 손님이 오는 날에는 아이와 고미의 기운이 더 살아난다. 지인들은 야외에서 바비큐를 해 먹는 로망을 실현하고, 우리는 덕분에 맛있는 식사와 이야기로 즐거운 시간을 보낸다. 친한 친구들과의 모임이 다가와 '어디에서 볼 거냐'고 물으니 자기네끼리 우리 집에서 보기로 정했다고 한다. 재미있는 친구들 같으니!

가장 좋은 점은 자연을 가까이한 덕에 계절의 변화를 오롯이 느낄 수 있다는 것이다. 앙상한 나무에 순이 돋고, 그 순이 왕성한 초록으로 자라났다가, 낙엽이 되어 도로 땅으로 돌아가는 과정을 지켜보는 것, 아이와 함께 마당에 떨어진 대추를 줍는 것, 누워서 뒷산에 내려앉는 석양을 바라보는 것, 매일 아침 도심에서는 듣지 못했던 다양한 새 소리를 듣는 것 모두 이곳만의 정취다.

물론 주택에서 사는 게 마냥 좋은 것만은 아니다. 집을 지속적으로 관리해줘야 하고, 낙엽과 눈 치우기도 알아서 해야 한다. 아파트의 층간소음에 버금가는 '측간소음'을 감내해야 할 수도 있다. 특히 마당은 정말 손이 많이 간다. 나뭇가지와 잔디, 잡초는 얼마나 빨리 자라는지! 각종 벌레와 곤충에도 익숙해져야 한다.

바야흐로 아파트와 '노키드'가 선호되는 세상이지만, 나는 자연, 아이, 동물에 친화적인 주택에서 이렇게 살아가고 있다. 처음에 지인들은 주택으로의 이사를 만류하기도 했다. 미래 가치를 생각하면 아파트에서 살아야 하지 않겠냐는 거였다. 그렇지만 나는 아직 오지 않은 미래에 대한 욕심을 과감히 내려놓고 오늘을 원하는 대로 살기 위해 이곳에 왔다. 그렇게 상상했던 것보다 더 행복한 일상을 얻게 됐다. 현재의 삶에 나는 충분히 만족한다. 몸을 더 부지런히 움직이며 살아야 하지만 마음은 여유롭고 편안하다. 누군가는 일부러 찾아오는 남한강 드라이브 코스를 매일 달리며 오늘의 할 일을 정리하고, 이런저런 공상을 하며, 남편과 많은 대화를 나누는 일상⋯⋯. 서울의 복잡한 거리를 떠나 집 근처에 다다르면, 그렇게 현관문을 열고 집에 들어서면 완전히 다른 세상으로 온 것 같은 기분이 든다. 이튿날이면 또 다시 1시간 20분 동안 차를 몰고 도심으로 향해야 하지만, 이곳에 살아야만 누릴 수 있는 이러한 낭만들을 포기하고 싶지 않다. 훗날 자신의 어린 시절을 돌이켜볼 아이에게도 지금의 시간이 즐겁고 소소한 일상으로 기억될 것이다. 모두 내일을 위해 오늘의 행복을 포기했다면 맛보지 못했을, 오늘의 행복을 내일로 미루지 않은 용기가 가져다준 분명한 기쁨들이다.

아이와 동물은 어떻게 함께할 수 있을까

아이가 가정통신문을 가져왔다. 며칠 뒤 유치원에서 곤충과 육지 거북, 도마뱀과 뱀을 직접 만져보는 '동물 체험'을 한다는 내용이었다. 얼마 전 육아하는 친구들과의 대화에서는 "이번에는 동물원에 가보자"는 제안도 나왔더랬다. 동물원의 인기가 여전하다는 것을 새삼 체감할 수 있었다.

어렸을 때 동물원은 분명 설레는 공간이었다. 물지 않는 사자를 볼 수 있는 곳이라니, 얼마나 흥미로웠겠는가. 당시 최고 인기를 누렸던 돌고래 쇼를 보며 즐거워했던 기억도 있다.

하지만 어린 시절 느낀 이러한 흥분을 걷어내고 본 동물원은 본디 냉혹한 장소였다. 본래 살아가던 환경과 습성이 서로 다른 동물들을 인간의 관람을 위해 인위적으로 한데 모아놓은, 그 속의 무기력한 동물들로부터 안쓰러움보다는 귀여움과 신기함을 느끼도록 설계된…… 이역만리에서 한국으로 옮겨진 동물들은 사바나와 닮도록 기획된 자연에 갇혀 지내다, 인간의 실수를 틈타 탈출이라도 하게 되면 인간의 안전을 위해 사살된다. 퓨마 뽀롱이*의 일화는 동물원의 이러한 인간 중심성을 적나라하게 보여준다.

동물원에 가고자 하는 마음을 모르는 것은 아니다. 동물원이나 동물 체험이 어린이와 학부모 사이에서 여전히 선호되는 이유는 교육에 있다. 흙 만지기조차 학습해야 할 체험이 된 요즘, 부모들은 동물을 겪는 데서 오는 특별한 감각이나 교감을 아이가 경험하도록 하고 싶을 것이다. 학교가 생명 존중 의식이나 사회성 형성이라는 목표 아래 우리를 조성해 토끼, 닭 등을 가두고 아이들에게 사료 주기, 똥 치우기를 시키는 일명 동물 교감 교육을 진행하는 이유도 이와 같을 것이다. 실제로 아이들과 동물은 (물리적으로 붙어 있지 않더

---

*   2018년 9월, 한 동물원에서 지내던 퓨마 뽀롱이는 사육사가 문을 열어둔 틈을 타 우리 밖으로 탈출했다. 이후 뽀롱이는 동물원 내 야산에서 사살되었다.

라도) 심리적, 정서적으로 가까이 있는 듯하다. 디즈니에서 제작하는 영화만 보더라도 많은 주인공이 동물이며, 동화책에서도 기린, 돼지, 고슴도치, 사슴이 등장해 각자의 역경을 각자의 힘으로 극복하며 성장한다. 그만큼 아이들에게 동물이란 자신을 쉽게 이입할 수 있는 사고의 창이며 감정적 지지를 얻을 수 있는 가족 이외의 친구이자 동료다. 물론 신체적으로도 좋은 영향을 준다. 동물과의 접촉이 심혈관 질환, 혈압 등에 긍정적인 영향을 줘 양육자를 더 오래 살게 한다는 연구 결과도 있다.[3]

그렇다면 이런 기대—신체적, 정서적 만족을 위해 동물을 수단화해선 안 된다는 것을 차치하더라도—를 안고 방문하기에 동물원은 정말로 알맞은 장소일까? 나는 이 지점에서 어떤 의문에 시달린다. 갇힌 동물로부터 아이가 얻을 수 있는 생명 존중 의식이란 무엇일까? 갑갑한 우리에서 정형 행동을 보이는 야생동물과 어떤 교감을 나눌 수 있을까? 오히려 아이에게 그릇된 인식을 심어주는 건 아닐까? 이렇듯 내가 아이와 동물원을 함께 생각할 때 느끼는 감정은 두려움에 가깝다. 동물원에 간 아이들이 '우리에 사는 동물'의 모습을 당연시하게 되는 것, 돈을 내면 원하는 동물을 만질 수 있다는 인식을 갖게 되는 것이 두렵다. 동물원의 한계가 고스란히 내 걱정으로 이어지는 것이다.

아기 코끼리 해피는 거울을 통한 자기 인식 테스트를 통과한 첫 번째 코끼리다. 그는 1970년대 초 야생에서 포획되어 가족과 떨어진 후 미국의 한 동물원으로 팔려갔다. 인간 아이 수준의 사회적 교류가 가능한 이 동물은 그렇게 외로이 동물원의 좁은 실내에 갇혀 살고 있다. 동물원에 사는 해피는 굶어 죽을 일이 없다. 맹수에게 물려 죽을 일도 없다. 그리고 행복하지도 않을 것이다. NRP는 인신보호영장을 신청함으로써 자주성 있고 영리한 해피가 법적 보호를 받을 수 있는 주체이며, 동물원의 불법 감금으로부터 해방될 권리를 갖고 있음을 주장했다. 다만 이들은 해피가 오랜 시간 인간의 돌봄을 받은 탓에 야생에서의 생존 능력이 퇴화했을 가능성을 감안해, 그를 생크추어리로 보내고자 한다. 이들의 시도는 '동물의 권리 주체성'이 인정되지 않으면서 무산됐지만, 동물의 행복권에 대한 새로운 논의를 이끌어냈다. 그리고 우리는 이 사례를 우리 동물원의 현실에 비추어볼 수 있을 것이다. 동물원은 현재 어떤 공간으로 기능하고 있는지, 우리는 동물원을 통해 무엇을 얻고자 하는지, 동물원은 필요한지, 필요하다면 그곳은 어떤 공간이어야 하는지를 고민해봐야 한다.

동물원은 관람과 전시의 공간에서, 동물이 살아가는 장소를 인간이 잠시 엿보는, 그동안 당연하다는 듯 상정되어왔던 '주객'의 관계가 반전되는 공간으로 변화해가야 할 것이다. 후자와 같은 목적을 실현한 공간이 바로 생크추어리다. 이윤 창출을 위해 동물이 체험에 동원되지 않는, 타의로 번식하거나 매매되지 않는 공간에서 자유롭게 살아가는 동물을 보는 것이야말로 진정한 교육이 아닐까?

나는 전문 교육자도, 아동심리학자도 아니다. 하지만 내 나름의 교육 철학을 갖고 있다. 최소한 아이에게 '동물은 인간이 원하는 대로 함부로 다룰 수 있는 존재가 아니'라는 것만큼은 분명히 가르치고 싶다. 내 아이가 모든 생명체는 각자의 권리를 갖고 태어나며, 동물에게도 자신에게 맞는 곳에서 행복하게 살 권리가 있다는 사실을 이해하는 사람으로 자라주었으면 한다. 나는 올해도 동물원에 가지 않을 것이다.

나의 첫 강아지에게

고미야, 너를 처음 본 그때를 아마 평생 잊지 못할 거야. 덜컹거리는 지하철에 앉아 있던 나는 평소에는 마음이 아파 잘 보지 않았던 포인핸드 앱을 둘러보게 됐고, 그렇게 보호소 케이지 구석에서 소심한 눈망울을 하고 앉아 있는 네 사진을 만나게 됐다. 공고가 올라온 지 이미 꽤 지난 때여서, 혹시나 그사이에 네가 안락사되진 않았을까 마음이 조급했어. 네 모습이 왜 그리도 자꾸 떠오르던지. 며칠을 망설이다가 남편에게 링크를 보냈다. "일단 임보(임시 보호)해보는 건 어때?" "우리 환경이 최선이 아닐 순 있지만 보호소에 있다가 죽는 것보단 낫지 않을까?" 내 설득에 고맙게도 남편은 설득당해주었고, 그렇게 이튿날 우리는 너를 만나러 양주로 달려갔다.

목덜미를 잡혀 나오며 깽깽 성질을 내던 네 모습은 진짜 아기 반달가슴곰 같았어. 어찌나 귀엽던지 막 웃음이 나왔지. 곰을 닮아서 고미, 너는 그렇게 '믹스견'에서 고미가 되었다. 당시 보호소 직원이 "최근 보호소 내 신종 플루가 유행이라 병원에 데려가 진료를 받아보는 게 좋겠다"고 했는데, 그땐 그 말이 고생길의 시작을 예고한 말인 줄 몰랐다. 보호소 케이지를 벗어나 너른 집으로 온 너는, 이제

상세정보 | 댓글 (1)

보호중 한국동물구조관리협회
Korea Animal Rescue and Management Association

[개] 믹스견

암컷 / 회 / 흰 / 2018(년생) / 5.1(Kg)

- 공고번호 : 서울-강북-2018-00038
- 공고기간 : 2018-02-19 ~ 2018-03-02
- 발견장소 : 번2동 주공2단지아파트
- 특이사항 : 양귀 처짐. 코검정, 양뒷다리 오물
  약간오염. 소심함. 얌전함. 사람따름.
  단미안됨. 털상태 양호

포인핸드에 올라온 고미 입양 공고 글.

자기 보호자가 생겼다는 걸 직감했기 때문일지 소심한 눈빛은 벌써 사라진 채, 당당한 표정으로 집 이곳저곳을 돌아다니고 잠도 깊이 잘 잤어. 그런 너를 보며 대견함과 행복감을 느꼈어.

나중에 알아보니, 너와 비슷한 시기에 보호소에 있던 친구들은 모두 안락사되었더구나. 그 전에 널 데려온 게 다행이다 싶다가도, 그들에게 내 선택이 참 잔인한 것이었겠다는 생각도 들어. 누군가의 선택이 한 생명의 생사를 가를 수 있다는 그 공교로움이 두려웠어.

며칠 뒤 가벼운 마음으로 들른 병원에서 너는 신종 플루 확진을 받았어. 곧 괜찮아질 거란 수의사의 말과는 달리, 너의 숨은 갈수록 가빠졌고 밥도 통 먹질 못했지. 계속 놔두면 상태가 더 악화될 것 같아 수소문 끝에 큰 병원을 찾았고, 각종 검사 끝에 네가 신종 플루가 아닌 홍역과 폐렴에 걸렸단 사실을 알게 됐지. 치사율이 높아 낙관적인 전망을 내놓지 못하는 담당 수의사를 붙잡고 "꼭 살려달라, 잘 부탁한다"는 말 외에는 내가 할 수 있는 게 없었다. 너를 입원시키고 돌아오는 길, 격리실에서 본 너의 심각한 상태에 우리는 무력감을 느끼며 많이 울었다. '혹시 입양을 망설인 그 며칠이 없었더라면, 너를 더 빨리 데려왔더라면, 지금처럼 아프지 않지 않았을까' 하는 자책도 했다. 큰마음 먹고 입양에 동의해준 남편에게도 곧바로 큰 고통을 안긴 것 같아 미안하고, 또 괴로웠어.

일터인 강남에서 병원이 있는 일산까지, 퇴근 후 너를 보러 가는 길은 그래도 설레었다. 만난 지 며칠 되지 않았음에도 우리 모습을 본 너는 그 좁은 격리장에서 벌떡 일어나 꼬리를 흔들며 반겨주었어. 꼭 우리가 가족이라는 걸 안다는 듯이……. 병원에 남겨진 네가

집에 처음 온 고미가 무언가를 골똘히 생각하는 듯한 표정을 짓고 있다.

혹여나 버림받았다고 생각할까봐 너와 만날 15분을 위해 우린 매일 너를 찾아갔다. 너를 혼자 두고 나오는 발걸음은 무거웠고, 다음 면회까지 남은 시간이 영원처럼 길게 느껴졌다. 다행히 염증 수치는 조금씩 낮아지기 시작했다. 뚜렷한 회복세에 네가 마침내 퇴원하던 날, 나는 잃어버린 행복을 되찾은 기분이었어. 하지만 밥을 먹지 않았던 너는 곧 다시 입원해야 했고, 결국 항생제를 바꾸고 7일이 지나서야 '진짜 퇴원'을 할 수 있었지. 그 후로 너는 밥도 잘 먹고 명랑하게 산책도 다니는 늠름한 친구가 되었어.

이 모든 시간이 참 길게 느껴졌는데, 돌아보니 고작 2주가 흐른 거였더라. 애탔던 내 마음은 아무렴 어때, 네가 건강하게 우리 품으로 돌아와준 것만으로도 나는 감사했어. 만약 네가 잘못되었더라면, 나는 아마 다시는 입양을 생각할 수 없었을 거야. 그럼 우리에게 래미도 없었겠지.

첫째라서 관심과 사랑을 독차지한 너였는데, 둘째 래미가 오고, 또 셋째로 아이가 태어나면서 예전만큼의 관심과 보살핌을 못 누리게 된 것 같아 미안하다. 생각해보면, 너는 3개월령이라는 어린 나이에 보호소에 들어간 탓에 엄마의 사랑을 제대로 받지 못했을 텐데도 래미와 아이에게 늘 맏이의 다정함을 보여준 것 같아. 어린 래미에게 계단 내려가는 법을 가르치고, 그의 아픈 눈을 핥아주고, 아이의 행동에 장단을 맞추기도 하는 너로부터 나는 사랑을 실천하는 모습의 숭고함을 발견한다. 배를 보이고 누워 있는 너를 가만히 꼭 안으면, 모든 근심이 사라지는 듯한 위안도 얻는다.

우리가 함께한 지 벌써 5년이 되었다. 너는 여전히 나의 아침을

병원에 입원했을 당시의 고미 모습.

고미는 평소에도 아이와 함께 집 안 곳곳에 누워 있기를 즐긴다.

계단을 쉽게 내려가지 못하는 래미에게 자신만의 노하우를 전수하고 있는 고미.

가장 먼저 반겨주고, 늦은 밤까지 내 곁을 지켜주는구나. 이제 너 없는 삶은 상상하기 힘든데, 언젠가 너와 헤어져야 할 날도 오겠지. 그날이 아주 먼 미래이길, 아주 천천히 찾아오기를 바랄 뿐이다.

고미야, 그저 아프지 말고 건강해줘. 하나만 더 바라보자면, 벌레나 이상한 것 좀 주워 먹지 말기를. 네가 제일 좋아하는 산책도 더 자주 나가자. 이 모든 말이 너에게 다 전달될 수는 없겠지만, 이런 내 마음이 충분히 느껴지도록 너를 더 많이 안아줄게. 고맙고 사랑해, 고미야!

내 사랑, 철부지 둘째 래미

'진도' 하면 충성스럽고 용맹한 개의 모습이 떠오를 것이다. 진도는 우리나라 천연기념물인 동시에, 보호소나 시골집에서 흔히 볼 수 있는 종이기도 하다. 진도는 참 예쁘게도 생겼다. 남편도 언젠가 지나가는 백구를 보며 "나중에 기회가 되면 진도를 길러보고 싶다"고 말한 적이 있다. 그렇지만 당시만 해도 우리는 동물을 반려할 생각이 없었고, 입양하더라도 특정 품종을 콕 집어 데려오겠다는 생각이 없었다.

그러던 나는 포인핸드 앱에 다시금 접속하게 됐다. 산책길에 만나는 강아지 친구들을 너무 좋아하는 고미를 보며, 동생이 있으면 더 좋겠다는 생각이 들어서였다. 너른 실내 공간과 마당이 있는 주택으로 이사 오게 되면서 한 아이 정도는 더 기를 수 있을 것도 같

상세정보	댓글 (4)

스토리+

완료(입양)

[개] 진도견

수컷(중성화 X) / 흰 / 2018(년생) / 3.4(Kg)

- 공고번호: 경기-여주-2018-00368
- 공고기간: 2018-12-11 ~ 2018-12-21
- 발견장소: 하거동
- 특이사항: 왼쪽눈 안구손상

포인핸드에 올라온 래미 입양 공고 글.

았다. 다시금 고미를 입양할 때 느꼈던 자책감을 마주해야 했지만, 그래도 우리의 선택이 한 아이의 세상을 뒤바꾸는 일일 거란 생각에 마음을 다잡았다. 입양 기준은 딱 하나였다. '금방 입양될 것 같지 않은 아이.' 그 아이가 바로 래미였다.

하얀 털에 군데군데 검댕이 묻은, 한눈에 봐도 꼬질꼬질했던 어린 래미는 왼쪽 눈이 손상되어 있었다. 가뜩이나 입양 기회가 쉽게 주어지지 않는 유기견에게 질병이나 장애가 있다면 입양은 더 요원해진다. 고미를 데려온 뒤 병원을 오가며 힘든 시간을 보내긴 했지만, 고미는 결국 건강해졌고, 무엇과도 바꿀 수 없는 소중한 가족이 되었다. 우리는 래미에게도 같은 희망을 품어보기로 했다. 래미의 눈, 그리고 우려스러운 건강 상태로 다시금 병원에 오가게 될지라도 조만간 안락사될 것이 불 보듯 훤한 래미를 입양하기로 결정한 것이다. 고미를 처음 봤을 때처럼, 눈이 다친 채 케이지에 앉아 있던 래미의 모습이 계속 떠오르기도 했다. 마침 래미는 우리가 이야기했던 진도이기도 했다.

2018년의 마지막 날, 우리는 래미를 만나러 여주시청으로 달려갔다. 당시 래미는 여주시청과 연계된 동물병원에서 지내고 있었다. 시청 담당 부서의 사무실 문이 열리며, 래미가 있는 이동식 케이지가 등장했다. 사진보다 더 조그마했던 래미는 쪼르르 걸어 나와 우리의 냄새를 맡고는 바로 품에 쏙 안겼다. 나는 그때를 잊을 수가 없다.

래미의 왼쪽 눈이 다친 이유에 대해서는 아무도 알지 못했다. 다만 래미를 보살핀 수의사는 안구가 처음부터 없었거나 날카로운 무언가로 말끔히 제거된 것 같다는 소견을 내놨다. 래미는 다행히 건

고미와 래미가 우애롭게(?) 밥을 나눠 먹는 모습.

깊은 잠에 빠진 래미.

고미와 래미가 동시에 잔디에 등을 대고 놀고 있다.
집 마당은 둘의 가장 흥미로우면서도 안전한 놀이터다.

머리를 맞대고 잠들어 있던 고미와 래미가 셔터 소리에 눈을 떴다.

강했다. 활발한 래미를 품에 안고 차로 돌아가는 길, 오랫동안 안 씻은 래미에게서 고약한 냄새가 났지만 그마저 행복했다.

집에 온 래미는 그렇게 고미와 처음 만났다. '둘이 안 맞으면 어쩌지' 걱정했던 것이 무색하게도 고미는 호들갑스럽게 래미를 반겼고, 래미도 처음 본 고미를 따라다니며 금방 집에 적응했다. 래미는 고미의 안내에 따라 집 안 곳곳을 탐색했고, 그날 (아마) 견생 최초로 푹신한 침대에서 편안한 잠을 잤다.

고미와 래미는 서로 떼려야 뗄 수 없는 존재다. 고미는 그때나 지금이나 래미의 아픈 눈을 핥아주고, 래미가 먼저 간식을 먹은 후에야 자기 것을 먹는다. 래미가 마당에서 땅굴을 파고 있으면 다가가 나무라기도 한다. 래미도 그런 고미를 따르고 의지한다. 고미와 늘 붙어 있으면서 고미가 하는 행동을 따라 하고, 고미가 먼저 장난을 걸면 귀찮아하면서도 항상 응수해준다. 이제는 고미보다 키와 덩치가 월등히 커진 래미지만, 한 번도 고미를 이기려고 하지 않는 걸 보면 래미가 고미를 얼마나 좋아하며 의지하는지를 알 수 있다.

오순도순 남매처럼 지내는 이들이지만 성격은 딴판이다. 래미는 저녁 8시만 되면 2층 침실에 있는 자기 침대로 가서 잠을 잔다. 고미가 내 옆에 꼭 붙어 자는 것과 비교하면, 둘의 성격이 어쩜 이렇게나 다를까 싶어 웃음이 난다.

래미는 이제껏 앓은 적 없이 무럭무럭 자라고 있다. 그러나 큰 덩치와 달리, 또 진도로서 용맹할 거라는 추측과 달리 겁이 무척 많다. 내가 큰 택배 상자만 옮겨도 무서워서 짖고, 새벽에 큰 바람 소리만 들려도 벌떡 일어나 짖는다. 집에 한 번씩 손님이 찾아와도 무척 경

래미의 쾌활한 표정과 돌돌 동그랗게 말린 꼬리.

아기 래미가 고미와 창밖의 새를 보고 있다.

계한다. 그런데 또 신기한 건 멀리 살고 있는 동생네 부부는 격하게 반긴다는 점이다. 두세 달에 한 번씩 찾아올 뿐인데도 말이다. 자주 보진 못해도 가족이라는 걸 아는 건지, 옆으로 다가와 몸을 비비며 꼬리로 부채질을 해줄 정도로 그들에게는 순하고 다정한 래미다.

오른 눈만으로 세상을 보는 래미는 어쩔 수 없이 시야가 좁다. 래미가 자신의 왼편에서 일어나는 움직임에 아무런 반응이 없을 때, 래미의 왼쪽 눈이 없다는 사실을 다시 한번 깨닫는다. 래미가 보이는 경계심, 불안감도 여기서 비롯된 것인지 모른다. 그런 래미를 위해 우리는 래미가 오른쪽으로 누워 자고 있을 때, 즉 래미의 시야가 거의 차단되어 있을 때는 그를 갑자기 만지기보다 먼저 소리를 내어 우리 존재를 알리는 등 더 조심히 움직이려고 한다.

래미는 고미보다 더 예민한 후각을 갖고 있다. 고미가 못 찾는 간식을 래미가 기막히게 찾아내는 걸 보면 말이다. 래미는 이렇듯 래미만의 방식으로 세상을 감각해나가고 있다.

반경 1미터의 삶

고미와 래미를 데리고 산책할 때면 야외에 매여 있는 시골 개들과 종종 마주친다. 종, 크기, 나이 모두 다르지만 살아가는 모습은 비슷하다. 더위도 추위도 피할 수 없는 허술한 개집, 아마 평생 연장될 일 없어 보이는 1미터가량의 짧은 목줄, 목욕이나 빗질을 한 번도 하지 않은 듯 엉키고 뭉친 털, 무언가를 내던진 듯한 표정까지.

꼬리 끝이 새 붓처럼 하얗던 석봉이는 공장 밖에 묶여 지냈다. 어린 몸으로 무더위와 맹추위를 견뎌야 했고, 지붕 딸린 변변한 개집도 없어 비가 오면 꼼짝없이 젖어야 했다. 비와 태풍 소식이 특히나 잦았던 2022년 여름, '침수 피해가 예상되니 대피하라'는 안내 문자를 받고 나는 석봉이를 떠올렸다. 녀석이 걱정됐다. '비가 이렇게나 많이 오는데 보호자가 실내에 들여놨겠지'라는 내 막연한 기대가 무색하게, 이튿날 찾아간 석봉이는 나무 평상 아래에 몸을 구겨 넣은 채로 떨고 있었다.

석봉이만 쓰렸겠는가. 눈빛 서글프고 성격 순하던 짠순이도 있었다. 짠순이는 낯선 내 손길조차 반갑다는 듯이 머리를 갖다 대던 아이였다. 항상 줄에 매여 있던 짠순이가 어느 날 새끼를 낳았는데, 보호자가 얼마 뒤 새끼들을 모두 팔아버렸다. 혼자 남은 짠순이는 맥없이 누워 있을 때가 많았다. 그리고 어느 날부터인지 짠순이도 보이지 않았다. 그맘때 개를 사겠다는 트럭이 동네를 자주 돌아다녔기에 사태를 대강 짐작할 수 있었다. 짠순이네 옆집 할머니도 밖에 묶어놓고 기르던 개를 5만 원에 팔았다고 했다.

짠순이가 있던 개집에는 이후 보호자의 아들이 데려온 강아지 코코가 살게 됐다. 코코는 흙바닥에서 살다가 진드기 같은 해충에 노출되어 피부병을 얻었다. 도베르만 종 특성상 추위에 약했던 코코는 이곳 겨울의 칼바람을 견디기 힘들었을 것이다. 추위, 그리고 매인 생활의 갑갑함 때문이었는지, 코코는 한 방향으로 쉬지 않고 도는 정형 행동을 보였다.

내가 모르는, 우리가 모르는 시골 개들의 삶도 이와 크게 다르지

목줄에 묶인 코코가 가만히 앉아 나를 바라보고 있다.

않을 것이다. 시골에는 원래 개는 '그렇게' 키우는 거라는 인식이 여전히 남아 있는 데다, 개를 기르는 데 보호자의 책임이 요구된다는 사실에 대한 공감대도 널리 형성되어 있지 않다.

한 기자가 1미터 길이의 목줄에 묶인 채로 시골 개의 하루를 체험하고 쓴 기사[4]를 읽었다. 기자는 시골 개와 함께 묶여 지낸 7시간 동안 겪은 추위, 외로움, 지루함을 생생히 묘사했다. 그는 함께 있던 명순이에 대해 "처음 만난 순간부터 헤어질 때까지, 명순이는 이렇게 사람이 그리운 표정으로 날 바라보았다. 계속 어루만지고 싶었으나 그러지 못했다. 늘 혼자 있었을 명순이의 삶을 짐작해야 했으므로"라고 적었다. 너무 지루한 나머지 "풍경마저 외워"버렸다고도 썼다. 사람이 이렇게 살 수 없듯이, 개도 이렇게 살아서는 안 되는 거였다.

시골 개들의 삶을 바꿀 수 있는 방법은 많다. 개를 실내에서 기르면 된다. 다만 상황이 여의치 않다면 적어도 천장과 울타리가 설치된 견사를 마련해줘야 한다. 겨울에는 담요, 비닐 등으로 방한 조치를 취해줄 수 있을 것이다. 목줄을 긴 것으로 교체해주거나 철물점, 온라인에서 긴 와이어를 사서 기존 목줄과 연결해줌으로써 행동반경을 넓혀줄 수도 있다. 밖에서 살아가는 개는 질병에 취약하기에 한 달에 한 번 심장사상충약과 외부구충약을 챙겨줘야 하며, 감당치 못할 만큼 개체수가 늘어나지 않도록 중성화도 시켜줘야 한다. 무엇보다 개의 습성상 산책은 필수다. 하루 10분이라도 좋으니, 개에게 마당을 떠나 노천을 걷는 일과를 만들어줘야 한다.

이 모든 것에 큰 비용이 드는 것도, 오랜 시간이 걸리는 것도 아니다. 그럼에도 기본이 지켜지지 않는 이유는 보호자의 무책임에 있다. 독일과 같이 반려동물에 대한 돌봄 의무를 강력히 규정하는 나라에서는 보호자가 엄격한 요건하에서만 개를 묶어 기를 수 있으며, 그런 상황에서도 개에게 충분한 운동과 사회적 접촉 기회를 제공해야 한다. 실외에서 기른다면 비바람과 햇빛을 피할 수 있는, 단열 처리 된 바닥에 침상이 있는 견사를 마련해줘야 한다.[5] 미국 워싱턴주, 텍사스주, 뉴욕주도 개를 쇠줄로 장시간 묶어두는 것, 더위와 추위, 비를 피할 수 없는 곳에 묶어두는 것을 금지하며, 일리노이주, 버지니아주에서는 보호자가 반려동물 돌봄 의무—적당한 사료와 물·공간·운동·치료 제공 등—를 위반하면 벌금형 이상으로 처벌한다.[6] 모두 개를 기르는 일이 개의 생명뿐 아니라 삶의 질까지 책임지는 일임을 이해하는 정책들이다.

오늘, 집으로 들어오는 길에도 여러 시골 개를 지나쳤다. 발이 자꾸만 빠지는 뜬장 안에서 빼꼼히 밖을 내다보던 개, 추위에 몸을 동그랗게 말고 코를 파묻어버린 개, 하얀 털이 뭉텅이진 채로 지나가는 차들을 처연히 쳐다보던 개. 이들을 바라보는 안타까움이 일부의 몫이 아니게 되기를 간절히 바라본다.

한 마리의 세상을 바꾸기

앞서 적은 많은 시골 개 중 결국 인연이 닿은 개가 있다. 코코다. 2019년 늦여름에 태어났을 코코는 그해 겨울, 한 살도 안 된 가는 몸으로 어느 집 마당에 묶여 있었다. 도베르만처럼 털이 짧은 종은 추위에 더더욱 취약한데……. 나는 그렇게 어린 코코에게 마음이 갔다.

어느 날이었다. 코코는 멀리서 봐도 많이 아파 보였다. 개집에 누워 있는 코코는 움직임이 거의 없었다. 가까이 다가가서 보니 피부가 군데군데 벗겨져 있었고, 상처 부위엔 파리가 끓고 있었다. 죽는 건 그야말로 시간문제였다.

코코의 보호자에게 화가 났지만 일단은 전략적으로 행동해야겠다는 생각이 들었다. 나는 그에게 최대한 정중한 말투로 코코를 병원에 데려가보겠다고 말했다. 보호자는 나를 번거롭게 할 수 없다며 극구 사양하다가 끝내 허락했고, 나는 코코를 데리고 서둘러 동물병원으로 향했다. 피부병이었다. 수의사도 그 심각성에 혀를 내둘렀다. 위생적인 환경에서 3주간 약욕 및 농약 치료를 해야 한다고 했다. 나는 보호자의 동의를 구하고, 코코를 우리 집에서 치료하기로 했다.

코코는 정말 순했다. 연약한 피부에 농약이 닿는 쓰라림에도 아프다는 소리 한번 내지 않았다. 아픈 와중에 호기심도 많고 사람도 좋아해서 마주치는 이에게 다가가 코로 툭 치며 알은체를 하기도 했다. 코코는 그때 난생처음 목줄 없이 마당을 뛰는 기쁨을 맛보았다. 그렇게 점차 회복해갔다.

보호자의 방치는 엄연한 동물 학대에 해당됐지만, 그와 대화를 나눌 수 있었기에 우선 이야기를 해보기로 했다. 나는 슬쩍 코코를 다른 곳에 입양하는 게 어떻겠느냐고 물었다. 내 제안에 그는 바로 이렇게 답했다. "코코에 대한 애정이 커서 그럴 수 없어요." 그는 코

건강해진 코코가 고미와 놀고 있다.

코에 대한 확고한 양육 의사를 보였고, 앞으로 더 잘 돌보겠다고 장담했다. 나는 코코를 계속해서 지켜볼 요량으로, 코코가 약욕을 해야 하니 2~3주 간격으로 목욕을 시켜주겠다고 했다. 코코를 키우는 게 혹여나 버겁게 느껴지면 꼭 알려달라고도 부탁했다.

아픈 자신을 방치한 보호자였지만, 코코는 그를 진심으로 따랐다. 짧은 줄에 매여 있으면서도 멀리서 보호자만 나타나면 앉은 자리에서 일어나 빙빙 돌며 꼬리를 흔들었다. 한동안은 보호자도 노력하는 모습을 보였다. 코코를 산책시키기도 했고, 더운 날에는 축사로 코코를 들여 그늘막 아래에서 쉬게 했으며, 추운 날에는 내가 가져다준 패딩과 이불을 코코에게 덮어주었다. 그럼에도 한파 소식이 들려올 때마다 나는 코코가 걱정됐고, 어떻게 하면 찬바람을 막아줄 수 있을까 고민하다 잠을 이루지 못하기도 했다.

어느 날 출근하려고 집을 나서는데 저 멀리서 코코가 달려오고 있었다. 헛것을 보았나 했지만 그는 진짜 코코였다. 목줄 풀린 코코가 길을 달리고 달려 우리 집에 이른 것이었다. 뜻밖의 속박으로부터 풀려난 코코가 자신의 의지로 찾아온 곳이 우리 집이라니, 그 마음이 뭉클해 코코를 오래 안고 있었다. 기특하면서도 신기한 상황이었다.

2021년 10월, 코코의 보호자로부터 연락이 왔다. 코코를 키울 사람을 찾아달라는 거였다. 나는 끝내 자신의 무책임함을 떨쳐내지 못한 그가 원망스러웠지만, 동시에 개장수에 팔아넘기지 않은 게 어디냐며 일말의 고마움을 느끼기도 했다. 선택지 중 하나는 내가 코코를 기르는 거였다. 하지만 이미 고미와 래미, 아이를 키우고 있는 상황인 데다 래미와 코코가 잘 융화되지 못하는 것을 고려했을 때 입양을 쉽게 결정할 수 없었다.

대신 입양처를 찾아보기로 했다. 집에서 코코를 임시 보호하며 입양자를 열심히 구했지만 잘 되지 않았다. 그러던 중 한 동물 보호 단체의 도움으로 해외 입양의 길이 열렸다. 그러나 코로나로 인해 이동 봉사자 찾기가 하늘의 별 따기였다. 여기에 코코를 멀리 보내는 것에 대한 걱정, 미묘한 서운함, 캐나다 출국 후 벌어질 수 있는 여러 변수를 따져보며 커진 불안감 등이 더해지면서 코코가 새 보호자를 만나는 그 순간까지 나는 심적으로 무척 힘든 시간을 보냈다.

이듬해 경칩을 앞둔 어느 날, 코코는 드디어 캐나다의 한 가정으로 입양됐다. 입양 가족과 몇 번의 이메일을 주고받으며 파악한 바로, 코코는 현재 잘 지내고 있다.

코코가 출국하던 날, 나는 그의 귀에 대고 미안하고, 고맙고, 사랑한다고, 또 행복하라고 기도하듯 속삭였다. 그것이 내 진심이었다. 멀리 보내는 것이 미안했고, 격변하는 주변 환경에도 여전히 건강한 코코여서 고마웠다. 나는 코코의 그런 모습을 정말로 사랑했고, 새 가족을 만나 부디 더 행복하기를 바랐다. 실제 행복의 여부는 코코만이 알 것이다. 그렇지만 그곳에서의 코코는 적어도 목줄에 묶여 있지 않는다. 추위에 떨지 않는다. 외로이 통증을 참지 않는다. 자신을 돌봐주는 사람들과 살며(입양자 가족은 삼대가 함께 살아가는 대가족이다), 넓은 마당을 뛰어다닌다. 이제 나는 코코의 행복을 쉽게 상상할 수 있다.

캐나다로 떠나는 날 공항에서의 코코.

삶을 포기한 듯 힘없이 웅크리고 있던 어린 코코를 발견한 순간부터 그를 새 가족의 품으로 떠나보낸 순간까지, 모든 시간이 길고도 험난했다. 이 모든 과정을 겪고 나니 취약한 동물들을 구조하고, 보호하고, 치료를 제공하고, 입양을 보내는 봉사자들을 존경하게 됐다. 어떤 봉사자는 내게 이런 말을 해주었다. "제가 세상을 바꿀 수는 없지만, 한 생명의 세상은 바꿀 수 있어요." 그는 언젠가 본인이 입양 보낸 강아지들을 꼭 만나러 갈 거라고도 했다. 나도 언젠가 행복한 코코를 만나러 캐나다로 떠날 것이다.

노견들과의 일상

미카가 거실 바닥을 타닥타닥 걸어간다. 벽에 가로막힌 미카가 짖는다. 방향을 틀어주니 다시 타닥타닥 걷는다. 그러고는 이내 또 다른 벽에 부딪힌다. 다리에 힘이 없을 때는 주저앉은 채 앞발로 계속 빙글빙글 돈다. 조금이라도 늦게 발견하면 돌던 뒷발과 엉덩이가 까져버리니 계속해서 그를 지켜봐야 한다. 밤에는 괴성이 잦다. 미카가 잠에 잘 들지 못하기 때문이다. 걷다 지친 미카가 곯아떨어졌을 때, 그 곁의 인간도 서둘러 눈을 붙여야 한다. 2시간 뒤 미카가 깨면, 다시금 정처 없는 걸음이 시작될 것이기 때문이다.

미카는 열네 살 노견이다. 치매 판정을 받은 건 1년 전쯤이었다. 신장이 좋지 않아 병원에 갔다가 그 사실을 알게 됐다. 정기적인 치료와 식단 조절로 신장 수치는 좋아졌지만, 치매 증상은 나날이 심해져만 갔다. 안아주면 발버둥 치며 빠져나가려는 미카를 보며, 엄마는 "옛날 일 때문"이라고 말했다. "잠재의식 속에서도 사람에게 잡히면 안 된다고 생각하나 보다."

개 도살장에 있던 미카는 한 동물 보호 단체에 의해 구조됐다. 친구들의 고통스러운 죽음을 숱하게 목격했을 미카는 사람을 극도로 두려워했고, 다가가면 변을 지렸다. 사람을 피해 도망가거나, 만약 도망가지 못하는 상황이라면 물려는 시도도 서슴지 않았다. 미카를 입양한 후에도 우리는 한동안 미카를 만질 수 없었다.

함께 어울릴 수 있는 개 친구가 있으면 도움이 될 거라는 조언을 들은 우리는 작고 발랄한 몰티즈 엘리를 입양했다. 실제로 엘리 덕분에 미카의 긴장이 많이 해소됐고, 이후 우리가 나쁜 사람들(?)은 아니라는 확신이 들었는지 품에도 잘 안기게 됐다. 미카는 철든 아이처럼 말썽 한번 안 피우고 그저 순하고 착하기만 했다. 그래서인지 개들에게 인기도 많았다.

미카의 주 보호자인 엄마는 도살장에서 마음고생했을 그에게 더욱 정성을 쏟았다. "우리 착한 미카"를 입에 달고 살았고, 폭우가 내리지 않는 한 산책을 거르는 일도 없었다. 개들은 인간의 진심을 귀신같이 알아서 미카도 엄마를 많이 좋아했다. 좀처럼 짖지 않는 미카였지만, 귀가하는 엄마의 발소리에 흥분을 주체하지 못하고 컹컹 짖으며 반기기도 했다. 엄마가 우리 옆집으로 이사오며 마당을 갖게 된 미카는 토향을 맡고 햇빛도 쬐며 일상을 즐겼다.

엄마네에는 미카와 엘리 외에도 3마리의 개가 더 있다. 2008년 멋모르고 온라인에서 '구입'한 토리가 첫째, 미카와 엘리가 각각 둘

휠체어에 기대어 있는 미카.

째와 셋째, 내가 우연한 기회로 구조한 하늘이와 바다가 넷째, 다섯째다. 토리가 열다섯 살, 미카, 엘리, 하늘이가 각각 열네 살, 열세 살, 열두 살이니 모두 노견이다. 건강하던 아이들도 나이가 드니 한두 곳씩 아픈 데가 생겨난다. 토리는 이빨과 잇몸이 좋지 않고, 엘리는 심장병 탓에 이뇨제와 신장보조제를 먹는다. 병원에 갈 일은 점점 더 많아지고, 거동은 점점 더 불편해진다. 식사, 배변도 혼자 할 수 없는 날이 올 것이다.

나이 든 반려동물 돌보기는 결코 쉽지 않다. 그렇기에 인터넷 커뮤니티에는 그 고난을 토로하는 보호자, 긴 병수발 끝에 안락사를 떠올렸다가 이내 죄책감에 괴로워하는 보호자, 수많은 시행착오 끝에 노령 동물을 더 효율적으로 돌볼 수 있는 환경을 조성한 보호자 모두가 존재한다.

아픈 노견들을 돌보면서 엄마도 많이 늙으셨다. 그런 엄마를 위해 가족들은 엄마가 진 돌봄의 무게를 나눠 지고자 노력하고 있다. 잘 걷지 못하는 날이 늘어가는 미카를 위해 어떤 분의 노하우를 참고해 휠체어를 만들어주기도 했다. 아마추어가 요령 없이 만든 티가 나긴 하지만, 그래도 미카가 넘어지지 않게 잠시 붙들어줄 순 있으니 엄마가 그사이에 요리며 샤워를 할 수 있게 됐다. 이렇게 우리는 개와 사람이 조금이라도 더 편하게 생활할 수 있는 방법들을 찾아가고 있다.

노견과 함께 산다는 건 매시 매초 상실에의 예감을 이고 사는 것이다. 머지않아 그들과 이별해야 한다는 사실이 가혹하게만 느껴진다. 짧은 견생에 더 많은 것을 주지 못한 것이 후회스럽기도 하다.

아이들을 떠나보낸 후 돌아보는 지금은 사무치게 그리운 때일 것이다. 그렇다고 그들에게 우리와 평생 살자는 억지스러운 투정을 부리고 싶진 않다. 그저 함께함에 감사하는 하루하루를 보내야겠다고 마음먹을 뿐이다.

음식을 조금씩 거부하던 미카는 2023년 1월 31일, 겨울의 한낮에 만난 따뜻한 햇볕이 반갑던 날, 엄마 품에 안긴 채 한 번의 짧은 경련을 끝으로 마지막 숨을 고요히 내쉬었다. 천사처럼 착했던 미카에게 안식이 있기를. 우리 가족이 되어줘서 고마웠어. 언젠가 다시 만나자, 미카야.

주니어가 태어나다

고미를 입양하고, 주택으로 이사 오고, 래미까지 집에 오게 되면서, 나와 남편은 우리 삶에 나름 만족하며 일상을 재미있게 보냈다. 우리는 고미, 래미를 데리고 공원이나 캠핑장으로 놀러 다녔고, 친구들과 그들의 견공들을 집으로 초대해 함께 시간을 보내기도 했다. 고미와 래미는 우리가 퇴근하고 집에 돌아오면 어느 때보다 더 격렬히 반겨주었고, 우리 부부는 그런 그들을 끌어안으며 하루의 시름을 해소했다. 우리 넷은 그렇게 가족이 되어 있었고, 우리만으로 마음이 풍족했다.

주위에서 아이 계획을 자주 물어왔지만, 우리에게 '꼭 아이를 낳아야지' 하는 계획은 없었다. 그러나 모든 소식은 불시에 찾아오는 법, 래미를 가족으로 맞아들인 지 얼마 지나지 않아 아이가 생겼다. 예정한 일은 아니었지만, 그렇기에 더욱 선물 같은 일이었다. 아이를 기다리며 기쁨과 설렘을 느끼는 동시에 그동안 고심해보지 않은 상황에 대한 고민이 시작됐다.

'개와 아이가 잘 지낼 수 있을까?'

작고, 잘 우는, 그동안 본 적 없는 생경한 존재에 대해 고미와 래미가 경계심을 품을 수도 있었다. 아이를 낳고 집에 돌아와 제일 먼저 한 일은 고미, 래미에게 아이의 냄새를 맡게 한 것이었다. 처음 맡아보는 인간 아기의 냄새에 그들이 어떻게 반응할지 예상할 수 없었기에 더 긴장했다. 아이를 안전하게 감싸 안고 그들에게 살며시 다가갔다. 아이에게 엄청난 관심을 보일 거라는 예상과는 달리, 그 둘은 짧게 냄새만 킁킁 맡고는 이내 나와 남편에게 달려들어 그동안 묵은 그리움을 온몸으로 토로했다. '아기는 잘 모르겠고, 당신들이 와서 너무 좋아!'

아이가 어릴 때는 공간을 분리하는 것이 안전하다고 하여, 아이가 있는 방에 펜스를 설치해 개들이 들어가지 못하게 했다. 아이가 기어다니기 시작했을 때는 바닥에 매트를 깔고 울타리를 둘러 공간을 구분했다. 물론 고미, 래미가 마음만 먹으면 충분히 뛰어넘을 수 있는 높이였지만, 저기는 들어가면 안 되는 곳이라고 계속 알려주니 절대 들어가지 않았다.

아이가 걷기 시작하면서부터는 울타리마저 없애버렸다. 이제는 오히려 아이가 고미, 래미에게 다소 위협적인 존재가 되었는데, 멋모르고 개들의 꼬리를 잡아당기거나 털을 세게 쥐어서다. 아이의 손과 바닥에 수북이 빠진 고미와 래미의 까맣고 하얀 털을 보면 민망함과 미안함이 인다. 고미와 래미도 당하기만(?) 하는 편은 아니어서, 털갈이 시즌에는 천지 사방으로 털을 뿜어내 바닥에서 뒹구는 아이의 옷에 (원치 않은) 개털 장식을 달아주기도 한다.

육아 초반에는 아이와 개들이 잘 지낼 수 있을지 걱정했지만, 고미와 래미는 우리 집에 방문하는 사람들 중 동생네 가족을 특별 대우해준 것처럼 아이 역시 가족의 일원으로 빠르게 받아들여주었다. 한 아이와 두 개가 함께 장난도 치고, 뛰어놀고 있는 모습을 보고 있으면 마음이 흐뭇함으로 부풀어 오른다. 물론 아직은 원만히 지낼 때보다 투닥거리며 소란스러울 때가 더 많다. 래미가 자신의 얼굴에 코를 들이밀고 냄새를 맡았다고 울고, 고미가 장난감을 밟고 지나갔다고 우는 아이를 보면 말이다. 이럴 땐 고미, 래미도 자기 때문에 아이가 우는 걸 아는지 왠지 시무룩해진다. 아이와 개가 함께 커가고 있으니, 나중에는 자기네끼리 나란히 산책도 나가고, 우리 어른들은 모르는 자기네만의 비밀도 만들 것이다. 서로가 서로에게 친구가 되어줄 그들의 미래를 그리는 것만으로 어떤 든든함이 느껴진다.

우리가 가장 신경 써왔고, 앞으로도 주의를 기울여야 할 부분은 아이일지라도 동물과 함께 살기 위해서는 '지킬 건 지키도록' 하는 일이다. 가장 중요한 규칙은 이거다. 서로가 싫어하는 일은 하지 않기. 특히 아이에게 고미, 래미도 고통을 느낄 수 있으니 세게 잡거나 장난으로라도 개들에게 물건을 던지면 안 된다는 걸 거듭 강조한다. 또 우리가 고미, 래미의 평생 보호자라는 것도 계속 이야기해준다. 이러한 규칙을 인지하고 지켜나가는 과정에서 아이는 나 이외의 존재, 나보다 약한 존재와 함께 살아가는 법을 배울 것이다. 타자를 보 듬는 이타성 경험의 씨앗을 집이라는 이 작은 세계에 먼저 심어보 려는 것이다.

아이는 고미, 래미를 대하며 자신을 가다듬어가고 있다. 그들을 휙휙 잡지 않는 데서 나아가, 털을 쓰다듬는 내 옆으로 와 "만져도 돼요?"라며 먼저 묻기까지 한다. 개들의 등을 부드럽게 쓰다듬는 아 이의 고사리손이 기특하다. 래미가 구석에 떨어진 간식 부스러기를 못 찾고 있으니 콕 집어서 옆에 놓아주기도 한다. 오늘은 공 던져주 기 놀이를 하는 내 모습을 보고는 자기도 해보겠단다. 아이가 공을 던진 뒤 고미에게 '공을 도로 가져오라'는 기대의 눈빛을 보내는 걸 보면 웃음이 터진다. 비록 고미는 공을 물어 자꾸 나한테 가져오지 만 말이다.

종일 동물권만 볼 순 없어요

동물권 변호사라고 하면 구조 현장을 뛰어다니며 법을 활용해 정의롭게 동물을 구출해내는 인물을 상상할 수 있다. 그렇지만 현 실의 동물권 변호사는 주로 책상에 앉아 법률을 검토하거나 법리를 구성한다. 매시 매초 인내심을 요하는, 한마디로 지루한 일을 하고 있는 것이다. 여느 변호사들의 일상과 다를 바 없다. 그러나 동물권 변호사만이 할 수 있고 또 해야 하는 일은 분명히 있다.

우리가 접하는 대상은 동물이다. 변호사는 일반적으로 원고, 피고와 같이 인간의 권익을 위해 일하지만, 동물권 변호사는 말 그대로 '동물의 권익'을 위해 일한다. 동물의 권익을 위해 인간과 싸운다는 말이다. 법을 동물에 가장 유리한 방향으로 해석하고, 그 근거를 제시한다. 동물 학대로 인정될 수 있을지 그 여부가 애매한 사건에 대해 경찰이나 특별사법경찰단이 법률 자문을 구해올 경우, 근거 법령과 유사 판례를 제시하고, 동물 학대 조항 적용 문제에 있어 법리적 근거를 찾아주기도 한다. 동물보호법 위반 행위가 범죄로 인정받을 수 있도록 법리를 짜는 것 외에도 학대받는 동물을 합법적으로 구조할 수 있도록 돕는 것, 억울하게 사고를 당한 동물과 그 보호자를 위해 소송에 뛰어드는 것, 법률 전문가로서 동물복지 선진국들의 법을 공부하고, 국내법의 미비점을 찾아 국회에 입법을 제안하는 것, 동물을 위해 지켜야 할 현행법상의 의무를 사람들에게 널리 알리는 것 등을 해나가고 있다.

거창한 목표의식이나 희생정신을 가져야만 동물권 변호사를 할 수 있는 건 아니다. 동물권에 대한 이해와 공감, 그리고 거기에 시간을 할애해보겠다는 의지만 벼릴 수 있으면 된다.

물론 활동하며 겪게 되는 고난이 많다. 그리고 그 고난은 보통 사회적 소수자를 변호할 때 겪는 고난과 성격이 비슷하다. 동물권 보호 활동에 대한 세간의 공감대가 아직은 부족한 탓에 '비인간을 위해 인간에게 싫은 소리를 하는' 데 대한 방어적, 적대적 태도를 자주 마주하게 된다. "왜 동물을 변호하느냐"라거나 "왜 인간이 동물을 위해 불편함을 감수해야 하느냐"라는 질문도 꽤 자주 받는다. 생명의 경중을 이미 재단하고 던지는 이러한 계급적인 질문을 받을 때마다 힘이 쭉 빠지지만, 어쩌면 이 질문에 답하고 설득하는 일부터가 동물권 활동의 시작이라는 생각도 든다. 동물권 변호사는 법을 아는 것 말고도 철학적 고민으로 세상과 스스로를 동시에 납득시킬 어떤 실마리를 찾아가는 사람일 것이다.

분명 합법적인 행위이지만, 국민 정서를 의식해, 또 혹여나 겪게 될 불이익을 우려해 적절한 동물 보호 조치를 취하지 않은 상황을 마주할 때도 무력감을 느낀다. 이런 적이 있다. 집 안에서 동물이 학대당하고 있었다. 나는 관할 지자체의 동물 보호 담당 공무원에게 학대자의 주거지에 출입할 수 있으며, 이는 법률에 따른 정당행위로 위법이 아니라는 자문 의견을 전달했다. 그럼에도 그는 자신에게 부여된 권한을 사용하지 않았다. 학대자가 주거침입으로 고소할 수도 있었기 때문이다. 이는 해당 공무원 개인의 문제가 아닌, 동물 학대를 '남의 집에 들어갈 만큼 시급하게 해결해야 할 문제'로 보지 않는 사회 인식의 한계에 기인한다. 이외에도 이 책 전반에 걸쳐 지적한 동물 학대에 대한 수사·사법기관의 낮은 경각심, 동물권에 대한 정부와 국회의 미적지근한 태도, 학대자 처벌에는 관대하나 피해 동물 보호에는 소극적인 현행 법률 등도 '적극적이고 본격적인 동물권 변호 활동'을 하는 데 방해가 된다.

상황이 이렇다 보니 우리나라에서는 전업 동물권 변호사가 거의 없다. 나 역시 '인간 소송'과 '동물 소송'을 겸하고 있다. "변호사님, 다른 사건도 하세요?" 내가 동물 관련 소송만 하는 줄 알았던 한 의뢰인이 이렇게 물어온 적도 있다. 옅은 배신감이 스민 얼굴이었다. 나는 주로 민사법 분야 소송과 회사 자문을 하고 있으며, 동물 관련

민·형사 사건은 오히려 내 일의 일부다. 내가 아는 한 우리나라에서 동물권 활동을 전업으로 하는 변호사는 없다. 자발적으로 동물권 활동을 하고 있는 국내 변호사 단체는 PNR과 동물의 권리를 옹호하는 변호사들(동변)이 있는데, 여기에 속한 변호사들 역시 각각 법무 법인, 회사, 공익단체 등에 소속된 채 동물권 활동을 병행하고 있다. 동물권 단체에 고용되어 관련 활동만 하는 변호사도 없는 것으로 안다. 즉, 현재 국내 대다수의 동물권 변호사가 프로보노로 관련 업무를 하고 있다고 봐도 무방하다.

동물권 전업 변호사가 없는 현실은 업계 내부의 인식에서 영향을 받은 것이기도 하다. 변호사들끼리 모인 자리에서 자신을 소개할 때 "저는 M&A 쪽을 합니다"라고 답하는 것과 "저는 동물권을 합니다"라고 답하는 것에 대한 상대의 반응 차는 굳이 설명하지 않아도 알 수 있을 것이다. 내가 동물권 활동을 하는 걸 처음 알게 된 동료 변호사들도 예상했던 반응을 보였다.

"……왜?"

이런 반응의 이유는 크게 두 가지로 추측해볼 수 있다. 마이너한 분야라서, 혹은 돈이 되지 않는 분야라서. 노동에 부여하는 의미와 가치는 사람마다 다르기에 동물권 활동을 바라보는 세간의 판단에 동의할 수도, 동의하지 않을 수도 있지만 동물을 변호하는 일이 돈이 되지 않는 건 사실이다. 동물 학대를 고발한다고 해서 다른 사건처럼 수임료를 받을 수 있는 것도 아니다. 오히려 고발장 작성, 경찰 출석, 진술 등 시간과 비용이 추가로 들어간다. 그나마 동물 관련 민사소송(동물이 피해를 입은 사건에서 보호자가 가해자에게 제기하는 손해 배상 소송 등)에서는 수임료를 받을 수 있지만, 우리나라 법제상 이와 같은 사건에서 인정되는 손해배상 액수가 턱없이 작은 탓에 소송에서 청구하고자 하는 금액보다 통상적인 변호사 수임료가 더 높은, 배보다 배꼽이 더 큰 상황이 발생하기도 한다. 이에 변호사도 자신이 평소 받는 수임료보다 낮은 금액을 청구하기도 하는데, 이렇게 낮춘 금액도 의뢰인에게는 부담일 수 있다. 이를 변호사들도 알고 있기에 동물을 사랑하는 마음만 갖고는 이 분야에 쉽사리 뛰어들 수 없는 것이다.

동물법이 정식 분야로 인정받는 것도 아니다. 동물을 보호해온 역사가 짧다 보니 동물법, 동물권 관련 서적이나 연구도 적다. 이를 정식으로 가르치는 대학도 드물다. 이러한 현실에서 동물법을 공부하고 연구하는 일은 미지의 법 영역을 개척하는 것이나 다름없다. 나서서 이런 일들을 한다고 해도 지원되는 연구비나 자문료가 없다. 동물권 활동에만 집중할 수 있는 업무 환경을 제공하는 공적·사적 기관도 전무하다. 동물법을 가르치는 대학이나 동물권 활동만을 하는 전업 변호사가 있는 미국, 영국, 독일 등의 나라와는 전혀 다른 환경인 것이다.

그러나 변화가 조금씩 감지되고는 있다. 반려동물을 키우는 인구가 늘면서 반려동물 관련 소송과 이를 담당하는 변호사도 함께 늘고 있다. 동물법 전문가와 그에 대한 시민들의 관심 모두 증가하면서 법과 정책의 한계도 속속 지적되고 있고, 동물법을 연구하는 단체들도 생겨나고 있다. 동물권 선진국이란 단순히 '반려동물 양육 인구가 많은 나라'가 아닌, 동물의 주체성과 권리를 인정하고 이를 적극적으로 보호하는 나라일 것이다. 동물권에 대한 사회 전반의 인식이 깊어진다면, 동물법도 더 정교해질 것이다. 그러면 동물권 변호 또한 인권 변호만큼이나 인정받을 수 있을 것이다. 나는 그런 날이 머지않아 올 것이라 기대한다.

변호사끼리 모여서 무얼 하나요?

"PNR의 목표는 무엇인가요?"

인터뷰에서 내가 자주 받는 질문이다. 그리고 이 질문은 종종 나자신을 향한다.

2017년, 나는 서국화 변호사와 함께 동물권 변호사 단체를 만들었다. 서로 각자의 자리에서 동물권 활동을 이어가던 중 우리 개개인의 활동을 결집해서 더 큰 단위로, 더 체계적으로 법적 활동을 해보자는 의미에서였다. 비슷한 시기에 미국의 동물권 변호사 단체 NRP의 활동기를 담은 다큐멘터리 「철장을 열고」를 본 것도 계기가되었다. 「철장을 열고」는 침팬지가 아무런 권리가 없는 사물thing의 지위에서 벗어나 법의 보호를 받는 사람으로 인정받을 수 있도록 소송도 불사하는 동물권 변호사 스티븐 와이즈의 활동을 담고 있다. 이것을 보며 우리나라에도 저런 단체가 있으면 좋겠다고 생각했다. 그래서 이름도 그와 비슷한 동물권연구변호사단체, PNR로 확정했다.

PNR에는 열네 명의 변호사와 한 명의 생태학자가 소속돼 있다.

나는 현재 공동대표직에서 내려와 운영위원으로 활동 중이다. 합류하게 된 계기나 시기는 서로 달라도, 동물들을 위해 일하겠다는 다부진 각오만큼은 같다. 각자 소속된 직장이 있고, 또 바쁜 일상을 이어가다 보니 자주 만나지는 못하지만, 틈틈이 최근 이슈를 공유하며 분노하고 공부한다. 그러다 특정 프로젝트를 맡게 되면 흩어져 있던 이들이 삼삼오오 모여 태스크포스TF를 구성한다. 혼자서는 하기 어려운 일도 마음 맞는 여럿이 모여 이런저런 논의를 나누다 보면 해나갈 힘을 얻게 된다는 걸 몸소 경험하고 있다.

PNR 활동을 한 5년여 동안 내 안의 많은 것이 변했다. '개 전기도살 사건' 재판에 참여하면서는 판결에 반박하는 논지를 쓰기 위해 정말 많은 고민과 조사를 했는데, '내가 일에 이렇게까지 큰 열정을 갖고 있었나'라며 스스로 놀랄 정도였다. 과정이 지난했던 데다 들인 노력도 컸던 덕에 원하는 결과를 얻었을 때의 기쁨은 이루 말할 수 없었다. 직업인으로서의 내가 동물을 위해 무언가를 해냈다는 것, 보수적인 법정 안에서 유의미한 진일보를 이뤄냈다는 데서 오는 만족감이었다. 동료들과 치열하게 고민한 뒤 얻은 결실이라 그 보람도 남달랐다.

캣맘, 캣대디에 대한 혐오와 폭력 근절을 위한 포스터도 제작했다. 포스터 제작 TF에 속한 변호사들은 적절한 문구—고양이에게 밥을 주는 것은 불법이 아니지만 사람을 협박하거나 고양이를 학대하는 것은 '범죄'입니다—를 정하고, 우리 의도가 더 효과적으로, 더 세련된 방식으로 드러날 수 있도록 전문가에게 포스터 디자인을 의뢰했다. 시안을 받은 모두가 각자의 심미안을 발휘했고, 그중 하

고양이에게
밥을 주는 것은
불법이 아니지만
사람을 협박하거나
고양이를
학대하는 것은
'범죄'입니다

동물권연구변호사단체 PNR
PNR
PEOPLE FOR
NON-HUMAN
RIGHTS

고양이를 돌보는 분들은 주위에 불편을
초래하지 않도록 주변을 청결하게 해주세요.

최대 3년 이하의 징역 또는 3천만원 이하의 벌금

길고양이 및 캣맘, 캣대디 혐오 금지 포스터(출처: PNR).

나로 의견이 모였다. 누군가에게는 별것 아닌 일일 수도 있지만, 우리에겐 각 단계가 모두 새롭고 흥미로웠다. 그렇게 만들어진 포스터를 누구나 사용할 수 있도록 PNR 공식 홈페이지에 업로드했고, SNS로 신청한 이들에게는 직접 출력, 배송까지 해주었다. 포스터에 기재된 '변호사 단체'라는 단어 때문이었는지 급식소에 가해지는 이름 모를 이들의 횡포가 확연히 줄었다는 누군가의 후기가 여전히 기억에 남는다. 이 맛에 PNR 하지, 라는 세찬 마음도 들었다.

PNR 변호사들이 다년간 꾸준히 써온 칼럼이『동물법, 변호사가 알려드립니다』라는 책으로 출간된 것도, 동물보호법에 대한 제대로된 해설서가 없던 시절,『동물보호법 강의』라는 학술서를 써낸 것도 모두 보람 있는 일이었다. PNR이 동물 학대 규정 등 기존 법의 허점을 지적한 개정안을 국회의원실에 제안하고, 그것이 실제 법안으로 발의되었을 때의 뿌듯함도 결코 잊지 않고 있다.*

물론 좋은 날만 있던 건 아니다. 아무리 열심히 해도 이길 수 없고, 뚫을 수 없는 난공불락의 존재 앞에서는 좌절감도 느꼈다. 설악산 산양 소송을 진행하며, 이번에는 인간의 권리가 아닌 동물의 권리에 대한 급진적인 논의가 이뤄질 수 있을까 기대하기도 했지만 원고 측에 대한 소송비용 선先부담, 변론 기일 1회 종결 및 각하 판결 등을 거치면서 사법부의 높고 단단한 벽을 다시금 체감했다. 비슷한 일은 반복됐다. 동물권에 대한 법원의 보수적인 태도는 익산

---

*　해당 개정안(의안번호 2013958호)은 제20대 국회에 계류되어 있다가 결국 임기 만료로 폐기되었다.

'참사랑 농장' 소송*에서 또다시 맞닥뜨릴 수 있었다.

이렇듯 낙심할 때도 많지만, 이 일을 하며 만나는 여러 귀인은 내게 큰 힘이 된다. 나는 어린이 기자부터 방송인, 경찰, 공무원, 청소년, 동물권 활동가, 주한 대사, 국회의원 등 우리와 같은 뜻을 가진 다양한 나이대의, 다양한 직업군의 사람들을 만났고, 이들을 통해 활동을 계속해나갈 에너지를 얻었다. 그중에서도 기억에 특히 오래 남는 사람들이 있다. 설립 초창기, PNR은 일반 시민을 대상으로 총 4차에 걸친 동물법 세미나를 열었는데, 바로 그때 만난 분들이다. 행사 준비에 서툰 우리가 부랴부랴 변호사협회, NGO 지원 기관이 제공하는 빈 강의실을 빌리러 다니던, 서툰 포토숍 솜씨로 행사 포스터를 만들고 오늘 세미나에는 누가 와줄까 긴장하며 출입문만 자꾸 쳐다보던 때였다. 피곤함을 무릅쓰고 세미나에 참석한 그들의 얼굴은 고되어 보였지만, 강의가 시작되자 이내 구름 걷힌 하늘처럼 반짝이는 낯빛이 되었다. 세미나가 끝난 뒤 맥주 한잔에 감자튀김을 곁들이며 그들 각자에게 참석한 계기를 물으니, 대체로 이런 대답이 돌아왔다. "동물들의 현실이 좀 나아졌으면 해서요." 이 당연한 말이 왜 그렇게나 가슴에 오래 남던지. 쉬운 말일 순 있으나, 그보다 더 명확한 이유는 없을 것이다. 그들이 보여준 간절한 마음, 또 거기에

---

*   산란계들을 방목하여 기르는 동물복지 농장에 내려진 예방적 살처분 명령에 대한 취소 소송. 우리가 제기한 소송에서 익산시는 살처분 명령의 근거가 된 역학조사나 실태조사 자료를 제출해야 했지만 그러지 않았다. 그럼에도 재판부는 익산시의 손을 들어줬다.

공감하는 우리 마음이 동물권 활동을 여지껏 하게 하는 원동력이다.

그래서 PNR의 목표는 무엇인가? 다 함께 명문화한 적은 없지만, 나 스스로 이해한 바를 토대로 적는다면 이것이겠다. 동물을 위한 법적 활동을 지속하는 것, 그리고 이와 뜻을 같이하는 사람, 단체들과 더 많이 협업해 우리 목소리를 키우는 것. 눈치챘을 수도 있다. 우리는 변호사 단체를 표방하고는 있지만 사실 People for Non-human Rights, 즉 '비인간 동물의 권리를 위하는 사람들'이다. 이름처럼 우리는 더 많은 시민과 교류하고, 함께 행동하고 싶다. 세미나에 오셨던 그분들의 바람이 이루어지는 그날을 위해.

세계의 동물권 변호사들을 만나다

어린이날을 하루 앞둔 2018년 5월 4일, 홍콩에 도착했다. PNR에서 활동하는 서국화, 김슬기 변호사와 함께였다. 홍콩에서 이틀간 세계 동물법 회의Global Animal Law Conference*가 열린다는 소식을 듣고 자비를 들여 참가한 터였다. 17여 개국에서 모인 동물법 전문가(학자, 교수, 변호사, 저자, 활동가 등)들을 만날 수 있다는 설렘에 더해, PNR 설립의 모티브가 된 NRP와 『동물들의 소송』을 쓴 스위

---

*   홍콩대학 법과대학, 미시간주립대학 법과대학 동물법 프로그램, 하버드대학 법과대학 동물법 정책 프로그램 등이 주최 및 후원한 행사로, 아시아에서 최초로 열린 '제3회 세계 동물법 회의'였다.

스 동물권 변호사 앙투안 괴첼의 강연을 들을 수 있다는 사실에 심장이 뛰었다. 특히 세계 최고의 동물권 변호사라 불리는 앙투안 괴첼의 경험, 고민과 그에 대한 자신만의 답과 제언이 담긴 『동물들의 소송』을 감명 깊게 읽은 터라 기대감이 정말 컸다. 그들을 실제로 만나 대화를 나누면 우리가 앞으로 해나갈 다양한 활동에의 양분을 얻을 수 있을 것 같았다.

처음 방문한 홍콩이었지만 관광에 할애할 시간이 없었다. 우리는 곧바로 홍콩대학에 마련된 강연장으로 향했다. 분주한 인파 속에서 국내에서 활동하는 동물권 단체의 반가운 얼굴들도 만날 수 있었다. 이틀 동안 미국, 캐나다, 영국, 스위스, 프랑스, 케냐, 오스트레일리아, 뉴질랜드, 중국, 일본, 인도 등 다양한 나라에서 온 강연자들로부터 각국의 법률 시스템과 동물법 현황, 사회 이슈 등을 듣고 함께 이야기하는 일정이었다.

스티븐 와이즈는 동물이 법적으로 물건으로 취급되는 현실을 비판하며, NRP가 영미법에 존재하는 인신보호영장이라는 제도를 이용해 동물에게 법인격이 부여될 수 있도록 활동해온 사례와 그에 대한 법원의 태도를 설파했다. 그 자리에서 우리는 그들이 소송의 주체로 왜 하필 침팬지를 택했는지에 대한 비하인드 스토리*도 들을 수 있었다.

브라질 바히아대학 교수의 강연에서는 법이 동물권을 보장하려

---

* 이들이 영장을 신청한 뉴욕주 법원이 자주성을 중시한 까닭에, 자주적인 동물인 침팬지를 그 주체로 내세우게 됐다는 설명이었다.

해도, 시민의식이 뒤따라주지 않으면 그 가치가 실현되기 어렵다는 사실을 확인할 수 있었다. 브라질 헌법에는 국가의 동물보호 의무가 명시되어 있는데, 대법원은 이를 근거로 바케자다Vaquejada라는 경기―말을 탄 두 명의 카우보이가 그들 사이에 황소를 끼운 채로 빨리 달리다 목표점에서 소를 쓰러뜨리는 경기―가 헌법에 위배된다며 금지되어야 한다고 판결했다. 그럼에도 불구하고 많은 시민이 이에 반발했고, 결국 정부는 바케자다를 '문화'로서 보호하는 법적 예외를 만들었다.

이틀간 그곳에서 내가 가장 자주 느낀 감정은 부러움이었다. 우리나라에서는 동물을 보호해야 한다는 당연한 명제가 이제 막 본격적으로 논의되기 시작한 반면, 동물권 논의가 이미 많이 진전된 국가에서는 '그들을 더 제대로 보호할 수 있는 방법'(학대하지 않는 것을 넘어) 그들을 더 행복하게 할 수 있는 방법' 등 더 심도 있는 고민이 이뤄지고 있다는 사실을 새삼 깨달아서다.

어떤 나라에서는 판례법이 발달했고, 어떤 나라는 우리와 같이 성문법 체계를 갖추고 있다. 각자 속한 국가가 다른 만큼 법 시스템, 법률의 내용, 발전 정도도 다 다르다. 하지만 그 자리에 있는 모두가 같은 목표와 열정을 공유한다는 걸 알았기에 그 자체로 큰 위안이 되었다. 특히 각국의 동물법 전문가들이 이런 국제회의를 통해 자신들의 연구 결과와 경험, 통찰을 공유하고 교류한다는 것이 어쩐지 신기하게 느껴졌다. 스스로를 소수로 여겨오던 우리는 그처럼 다수의 열정적인 동지를 만난 덕에 무언의 지지를 받는 듯한 든든함을 느꼈다.

그리고 드디어 괴첼, 와이즈와의 만남이 성사되었다. 우리는 괴첼에게 그의 저서에 대한 애정을 한껏 드러내고 함께 사진을 찍었다. NRP 변호사들, 그중에서도 와이즈는 한국에서 온 젊은 변호사들이 청한 대화에 적극적으로 응해주었다. 와이즈와 우리는 당시 진행하고 있던 '설악산 산양 소송'에 대해 이야기를 나눴는데, 와이즈는 법원이 소송 시작 전에 산양을 대리한 원고 측에 930만 원의 소송비용을 전가한 사실에 놀라움을 드러내며, 그러한 법체계에서는 동물권 소송이 동물을 변호하고자 하는 측에 큰 부담이 될 수 있음을 우려했다. 미국에서 자신들이 진행하고 있는 인신보호영장 제도는 (산양 소송과 달리) 비용도 적게 들고, 결론도 상대적으로 빨리 나기에 계속 시도해볼 수 있는 것이라고도 했다.

당시 와이즈가 특히 강조한 것은 '법조인에 대한 교육'이었다. 판사, 검사, 변호사에 대한 동물권 교육이 그들이 처리하는 재판, 수사, 기타 법률 관련 사안에 대한 세간의 관점에 직접적인 영향을 줄 수 있다는 이유에서였다. 동물의 이익을 고려한 판결과 처분 하나하나가 귀한 만큼, 이에 대한 판결과 그 판결을 내리는 사람, 그 사람이 속한 집단에 대한 교육이 필요할 터였다. 동물권 의식을 갖춘 변호사들이 그런 역할을 많이 해주어야 한단다. 강연장 바깥 계단에 걸터앉아 잠시 대화를 나누었을 뿐인데 우리는 많은 깨달음을 얻었다. 우리가 부러 힘들여 설명하지 않아도 '너희가 겪는 그 고충, 나도 안다'는 듯 보내준 그의 공감 어린 눈빛은 위로이자 응원이었다. 영어 실력이 유창했더라면 더 다채로운 이야기를 나눌 수 있었을 텐데라는 아쉬움과 함께 자리에서 일어났다. 참, PNR에 쓰인 'Non-Human Rights'를 NRP에서 따왔다는 말에, 와이즈와 함께 있던 청년 변호사 케빈이 자신들이 저작권료를 받아야 하는 것이 아니냐며 웃었다(변호사들의 농담이란!). 이에 응수하여 우리 역시 용어 사용의 명시적 허락을 받아냈으니 혹여라도 소송으로 갈 일은 없을 것이다.

나는 영감을 주고받는 대화를 좋아하고 즐긴다. 게다가 '동물을 위한 법적 수단'처럼 흔히 접할 수 없는 주제에 대해, 경험과 지식이 앞선 이와 나누는 대화라니, 더할 나위 없이 충만한 시간이었다. 국내에서든 해외에서든 이렇게 서로의 지식과 경험, 통찰을 나누고 배우며 독려할 수 있는 자리가 자주 만들어졌으면 좋겠다. 그리고 언젠가는 한국의 동물권, 동물법 발전 사례가 국제회의에서 소개되는 날이 오기도 바라본다.

중요한 것은 '살아 있는 존재라면 누구든 행복을 원할 것'이라는 사실을 아는 것이다. 내가 아프기 싫듯 동물도 아프기 싫다. 그러나 우리는 이 당연한 사실을 잊는다. 그들이 고통을 호소하거나 학대 사실을 폭로할 수 있는 인간사회의 언어를 구사할 수 없기에, 그래서 아픔을 "아프다"는 말로 전달할 수 없기에, 그들의 고통을 외면한다. 간단히 모른 체한다.

'아프지 않은 동물'에 익숙해진 우리는 동물을 과도하게 이용하고 죽인다. 방송 촬영을 위해 말의 발에 줄을 걸어 넘어뜨리고, 지역 경제 발전을 위해 소를 살찌운 뒤 싸움판으로 내몬다. 아스팔트 바닥에서 평생 꽃마차를 끌어야 하는 말이 있다. 관람객의 눈요기를 위해 일생을 손바닥만 한 우리에 갇혀 사는 오랑우탄이 있다.

인간은 더 빨리, 더 많은 동물을 도축할 방법을 궁리하지만, 그 과정에서 동물이 느낄 고통을 줄이는 방법에는 무관심하다. 이러한 태도는 법에 그대로 반영된다. 개정에 개정이 거듭됐음에도 동물법은 여전히 동물 학대를 '동물의 행복을 저해하는 일체의 행위'로 바라보지 않는다. '학대자의 잔인성' '학대자의 목적' 등을 따지며 학대의 범위를 좁힐 뿐이다. 헐거운 법망 밖으로 '동물에게 고통을 주었지만 학대는 아닌' 행위들이 속속 빠져나간다. 꼬리 자르기와 같은 신체 훼손, 본성에 반하는 번식, 방치, 사회적 교류 차단 등 동물 복지 선진국들이 채택한 동물 학대의 기준을 적극적으로 차용해볼 수 있겠지만, 어쩐지 이러한 움직임은 매우 더디다. 이 역시 동물의 아픔에 적극적으로 호응하지 않아온 관성 탓일 것이다. 나는 이 책에서 내내 이러한 관성을 끊어내자고 이야기했다. 나 역시 그 오랜 힘으로부터 벗어나기 위해 노력하고 있다.

그래서 다시 한번 강조하고자 한다. 우리도 동물을 위함에 있어 '잔인한 방법으로 고통을 주었는가' 따위의 소극적 보호를 뛰어넘는, 동물의 행복한 삶에 초점을 맞춘 적극적 보호를 취해야 한다. 이들에게도 생존할 권리, 고통받지 않을 권리 이상의 행복할 권리가 있음을 이해해야 한다.

동물을 위함은 동물만을 위함이 아니다. 동물의 고통에 공감하고, 그들의 본성과 행복을 존중하는 태도는 이 사회의 약자, 소수자에 대한 배려와 존중으로 이어진다. 따라서 동물권은 사회 구성원 모두의 복지와 공존을 모색하는 폭넓은 담론이다. 사회 곳곳에서 이에 더욱 귀 기울여주기를, 각자의 자리에서 피어나는 깨달음과 노력이 모여 사회의 공통 가치가 되기를, 그리하여 동물이, 동물과 더불어 사는 인간이 더욱 행복해지기를 희망한다.

1부

1. 의정부지방법원 고양지원 2017. 6. 8. 선고 2017고정370 판결.

2. 부산지방법원 동부지원 2017. 1. 25. 선고 2016고정1241 판결.

3. 부산지방법원 2019. 11. 12. 선고 2019고정859 판결.

4. Ross Cavitt, "Man sentenced to 3 years in jail for throwing dog over balcony," WSBTV, 2014년 2월 7일자.

5. Allison Shinskey, "Man gets 2 years in prison for killing girlfriend's dog," WPRI, 2022년 9월 22일자.

6. RSPCA, "Man who abused puppy sentenced to jail," 2022년 4월 20일자.

7. The Animal Welfare (Sentencing) Act 2021, Section 1(2)(b).

8. BBC, "Tougher punishments for animal cruelty crimes in England and Wales," 2022년 5월 10일자.

9. 송호영, 2022, 「동물의 법인격 논의 동향과 향후 민사법적 변화 모색, 동물법의 새로운 지평」, 사법정책연구원.

10. 서울서부지방법원 2020. 2. 13. 선고 2019노1696 판결.

11. 서울서부지방법원 2020. 4. 20. 선고 2020노158 판결.

12. 대구지방법원 포항지원 2022. 9. 21. 선고 2022고단774 판결. 이후 항소심(대구지방법원 2022. 11. 25. 선고 2022노3628 판결)에서도 같은 형이 선고됐다.

13. 서울남부지방법원 2022. 7. 20. 선고 2022고정363 판결.

14. 인천지방법원 2017. 6. 23. 선고 2017고합70 판결.

15. 서울고등법원 2017. 9. 28. 선고 2017노2030 판결.

16. International Convention for the Protection of Animals 1988, Article 10 (Killing) 2. The following methods of killing shall be prohibited: (c) electrocution unless preceded by immediate induction of loss or consciousness.

17. 대법원 2018. 9. 13. 선고 2017도16732 판결.

18. 서울고등법원 2019. 12. 19. 선고 2018노2595 판결. 피고인이 재차 상고했으나 대법원은 이를 기각하여 결국 판결이 확정됐다. 대법원 2020. 4. 9. 선고 2020도1132 판결.

19. 스톤, 크리스토퍼 D.,『법정에 선 나무들』, 허범 옮김, 서울: 아르케, 2003.

20. 대법원 2006. 6. 2. 선고 2004마1148, 1149 판결.

21. 가정준 외, 2020,「생태환경 침해에 대한 민사법적 과제의 서론적 연구: 생태환경소송 사례와 각국의 법제도 대응을 중심으로」,『재산법연구』36:4, 165-202.

22. 대법원 1998. 5. 29. 선고 98다7735 판결; 인천지방법원 2019. 11. 27. 선고 2019나52112 판결; 대전지방법원 2021. 4. 20. 선고 2020나114809 판결 등 다수.

23. 오스트리아 민법 제285조a는 "동물은 물건이 아니다. 동물은 별도의 법률에 의해 보호된다. 물건에 적용되는 규정은 다른 규정이 없는 한 동물에게 적용된다"고 규정하고 있다.

24. 독일 민법 제90조a.

25. 스위스 민법 제641조a.

26. 오스트리아 민법 제1332조a.

27. 독일 민법 제251조 제2항.

28. 스위스 채무법 제42조 제3항.

29. 스위스 채무법 제43조 제1항은 "가정에서 재산 증식 또는 영리 목적 없이 기르는 동물이 다치거나 죽은 경우, 동물의 보유자나 그의 가족이 갖는 애호 가치가 적절히 고려될 수 있다"고 규정한다.

30. 수의사법 제12조 제3항.

31. 기존 동물보호법 제16조 제1항.

32. 마티뇽, 카린루, 2022, 『만화로 배우는 동물의 역사』, 이정은 옮김, 서울: 한빛비즈.

33. 한희숙, 「권한 막강한 '동물경찰', 미국에선 인기직업」, 『한국일보』, 2017년 12월 25일자.

34. 김현주, 「'복순이' 학대사건 아시나요? 흉기 가해자, 견주, 보신탕집 주인 檢송치」, 『세계일보』, 2022년 11월 26일자.

35. 광주지방법원 2020. 9. 10. 선고 2020고정304 판결.

36. Ungoed-Thomas, Jon, "Farmed fish feel pain, stress and anxiety and must be killed humanely, global regulator accepts," 『가디언』, 2022년 10월 8일자.

37. 스위스 동물보호법 시행령 제178조, 179a조, 179b조.

38. 뉴질랜드 동물복지법(1999년) 제2조.

39. 영국 동물복지법(2022년) 제5조.

40. Cooke, Martin, 2016, "Animal Welfare in Farmed Fish," *Investor Briefing* 23, 4.

41. 대전지방법원 2021. 4. 20. 선고 2020나114809 판결.

42. 개정 동물보호법 제10조 제1항 제2호(위반 시 3년 이하의 징역 또는 3000만 원 이하의 벌금형에 처한다).

43. 김수진, 「[팩트체크] 폭염 속 재점화된 개 식용 논란… 보신탕, 정말 이롭나?」, 연합뉴스, 2018년 7월 17일자.

44. 대법원 2018. 9. 13. 선고 2017도16732 판결.

45. 최정호, 2022, 「개 식용 산업에 대한 헌법적 쟁점과 과제」, 『환경법과 정책』 30, 55-89.

2부

1. 시행규칙 입법 예고안 제6조 제4항 별표2.

2. 유영재, 「마취없이 고통사… 유기 동물 보호시스템이 무너진다」, 『한겨레』,

2020년 11월 12일자.

3. 김소영,「코로나19로 더 열악해지는 동물복지」, KBS, 2021년 5월 4일자.

4. 김지숙,「돌고래 서핑, 거제씨월드서 10번째 벨루가가 숨졌다」,『한겨레』, 2021년 1월 26일자.

5. 이윤정,「동물원에선 무슨 일이… '먹이주기'는 교감 아닌 폭력… 스트레스 사망도」,『경향신문』, 2015년 5월 8일자.

6. 안광호,「돌고래쇼는 굶주린 배 채우려는 몸부림… 수족관의 비극 끝낸다」,『경향신문』, 2021년 1월 25일자.

7. 최우리,「고래 사육·전시 금지 흐름에 역행하는 한국」,『한겨레』, 2018년 1월 26일자.

8. 안소현,「[단독] 동물체험카페, '제2의 코로나' 우려」, 쿠키뉴스, 2023년 1월 9일자.

9. 동물복지문제연구소 어웨어, 2017,「야생동물카페 실태조사 보고서」.

10. 동물보호법 제2a조, 제18조, 동물보호-개 사육규정(법규명령) 제2조, 제4조, 제7조 등.

11. 동물보호법 제28조 및 그 시행령(Animal Protection Ordinance).

12. 최희수, 2017,「헌법 안에서의 동물의 위치와 국가의 의무」,『환경법과 정책』 19, 21.

3부

1. 마티뇽, 카린루, 2022,『만화로 배우는 동물의 역사』, 이정은 옮김, 서울: 한빛비즈.

2. 강석기,「[강석기의 과학카페] 동물이 거울을 본다는 것의 의미」,『동아사이언스』, 2019년 2월 12일자.

3. 유선봉, 2008,「동물권논쟁: 철학적, 법학적 논의를 중심으로」,『중앙법학』 10:2, 445.

4. The Universal Declaration of Animal Rights (15 October 1978).

5. Brulliard, Karin, "A judge just raised deep questions about chimpan-

zees' legal rights," 『워싱턴포스트』, 2018년 5월 9일자.

6. 판결 전문의 영어 번역본은 NRP 웹사이트에서 확인할 수 있다. https://www.nonhumanrights.org/content/uploads/Chimpanzee-Cecilia_translation-FINAL-for-website-2.pdf.

7. 동물권행동 카라·이원욱 의원, 「온라인 동물 학대 범죄 예방과 대책 마련을 위한 긴급 토론회」, 2022.

8. 지혜, 「연쇄살인범과 놀랍도록 유사한 동물 학대범의 심리」, 닷페이스, 2022년 3월 28일자.

9. 이경은, 「방치하면 사람 노린다… 날로 진화하는 "동물판 N번방"」, 『여성동아』, 2022년 10월 4일자.

10. 이미영·장은진, 2016, 「학교폭력 가해 학생의 심리적 특성에 따른 유형」, 『한국디지털정책학회』 14:4, 459-469.

11. 이진, 2022, 「연결된 잔혹성: 혐오와 재미 사이의 길고양이 학대와 '인터넷 놀이 문화' 공모 범죄」, 『미디어, 젠더&문화』 37:2, 5-45.

12. 동물권행동 카라·이원욱 의원, 앞의 자료.

13. 동물권행동 카라, 「"캣맘 고집이 강한데 칼부림 원하면 계속 해라. 목부터 찌를거야"」, 2022년 2월 3일자.

14. 이경은, 앞의 기사.

15. 이성진, 「동물판 N번방 판결문으로 본 사법부의 동물보호 인식」, 『주간조선』, 2022년 1월 17일자.

16. 박기범, 2010, 「폭력성 범죄의 예측가능성에 관한 연구-연쇄살인사례를 중심으로」, 『한국치안행정논집』 7:1, 85-106.

17. Hodges, Cynthia, 2008, "The Link: Cruelty to Animals and Violence Towards People," Animal Legal & Historical Center; Tingle, D., et al., 1986, "Childhood and adolescent characteristics of pedophiles and rapists," *International Journal of Law and Psychiatry* 9:1, 103-116.

18. 명보영, 「[칼럼] 동물보호소 예산 지급 형태와 인력 현황」, 데일리벳, 2015년 8월 18일자.

19. 농림축산식품부, 「사람과 동물, 모두가 행복한 여름휴가」 보도자료, 2022년 7월 20일자.

20. 기존 동물보호법 제15조, 동물보호센터 운영 지침.

21. 개정 동물보호법 제97조 제4항 제2호.

22. 개정 동물보호법 제38조 제2항 제2호.

23. 기존 동물보호법 제34조, 제86조.

24. 기존 동물보호법 제39조.

25. 개정 동물보호법 제97조 제1항 제1호.

26. 마티뇽, 카린루, 앞의 책.

27. 기존 동물보호법 제22조 제1항.

28. 기존 동물보호법 제13조 제2항; 개정 동물보호법 제16조 제2항 제1호.

29. 유제범, 2018, 「반려견(伴侶犬) 안전관리 대책의 주요내용과 향후과제」, 『이슈와 논점』 1425, 3-4.

30. 남종영, 「돌고래의 죽음과 야생방사 실적주의」, 『한겨레』, 2023년 1월 25일자; 고은경, 「비봉이를 위한 방류 맞나요」, 『한국일보』, 2022년 8월 13일자.

31. 현달환, 「[Q&A] 비봉이 야생방류에 대한 질문에 핫핑크돌핀스가 답하다」, 뉴스N제주, 2022년 11월 24일 자; 『동아일보』, 「바다로 간 제주 "비봉이" 3달째 행방불명⋯ "4월까지 수색"」, 2023년 1월 13일자.

32. 곰 보금자리 홈페이지, 「사육 곰에 관한 몇 가지 사실들」.

33. 임주형, 「멀쩡한 개 안구 적출까지⋯ 동물실험, 꼭 필요할까?」, 『아시아경제』, 2022년 1월 6일자.

34. 농림축산검역본부, 2022, 「2021년 동물실험윤리위원회 운영 및 동물실험 실태조사 현황자료」.

35. 김지원, 「美FDA, 동물실험 의무화 조항 삭제⋯동물실험 통과한 90%는 효과성 낮았다」, 시사저널이코노미, 2023년 1월 19일자.

36. 오철우, 「동물실험 대체하는 컴퓨터, 화학독성 예측 정확도 더 높아」, 『한겨레』, 2018년 7월 16일자.

37. 김종란·임경민, 2020, 「동물대체시험법」, 『KISTEP 기술동향브리프』, 10;

오철우, 앞의 기사.

38. 개정 동물보호법 제47조.

39. 기존 동물보호법 제24조.

40. 기존 야생생물법 제16조 제1항.

41. 기존 야생생물법 제16조 제4항.

42. 기존 야생생물법 제16조의2 제1항, 시행령 제13조의3.

43. 기존 야생생물법 제68조 제1항.

44. 환경부, 「2022년 야생동물 구조관리센터 구조 · 치료 현황」.

45. 전용훈, 「버려지거나 방치된 '야생동물 보호시설' 만든다」, 에코타임스, 2022년 11월 30일자.

4부

1. 포어, 조너선 사프란, 2011, 『동물을 먹는다는 것에 대하여』, 송은주 옮김, 서울: 민음사.

2. 노용균, 「건강백과사전-채식과 건강」, 한림대학교 강남성심병원 홈페이지 참조, https://kangnam.hallym.or.kr/.

3. 아크타르, 아이샤, 『동물과 함께하는 삶』, 김아림 옮김, 2021, 서울: 가지.

4. 남형도, 「'1m 목줄'에 묶여⋯ 시골 개의 하루를 보냈다」, 『머니투데이』, 2021년 2월 13일자.

5. 동물복지문제연구소 어웨어, 2021, 「동물 방임 및 최소 사육,관리 의무에 대한 해외 입법례와 정책 과제」, 41쪽, 45쪽.

6. 김지현, 2018, 「동물과의 공존을 위한 미국 입법례」, 『최신 외국입법정보』 78, 26쪽, 28쪽, 35쪽.

참고문헌

가정준 외, 「생태환경 침해에 대한 민사법적 과제의 서론적 연구: 생태환경소송
　　사례와 각국의 법제도 대응을 중심으로」, 『재산법연구』 36:4, 165-202,
　　2020.

강승연, 「동물보호법 사범 첫 1000명대… 10대도 두자릿수」, 『헤럴드경제』,
　　2021년 9월 16일자.

김지숙, 「'신종 펫숍'은 어떻게 파양견 팔아 돈을 벌었나」, 『한겨레』, 2020년
　　6월 5일자.

김지현, 「동물과의 공존을 위한 미국 입법례」, 『최신 외국입법정보』 78, 1-46,
　　2018.

남소정, 「'남양주 개물림 사망사건' 견주 징역 1년… '증거인멸교사' 혐의도」,
　　SBS. 2022년 11월 10일자.

농림축산검역본부, 「2021년 동물실험윤리위원회 운영 및 동물실험 실태조사
　　현황자료」, 2022.

농림축산식품부, 「2022년 동물보호에 대한 국민의식조사 결과 발표」 보도자료,
　　2023년 2월 2일자.

농림축산식품부, 「사람과 동물, 모두가 행복한 여름휴가」 보도자료, 2022년 7월
　　20일자.

마티뇽, 카린루, 『만화로 배우는 동물의 역사』, 이정은 옮김, 서울: 한빛비즈,
　　2022.

몽고메리, 사이, 『문어의 영혼』, 최로미 옮김, 파주: 글항아리, 2017.

스톤, 크리스토퍼 D., 『법정에 선 나무들』, 허범 옮김, 서울: 아르케, 2003.

싱어, 피터, 『동물 해방』, 김성한 옮김, 고양: 연암서가, 2012.

애덤스, 캐럴 J., 『육식의 성정치』, 류현 옮김, 서울: 이매진, 2018.

유대근 외, 「[단독] 반려동물세 도입 땐 의료보험 등 혜택… "유기 늘어난다" 우려도」, 『서울신문』, 2022년 6월 26일자.

유선봉, 「동물권논쟁: 철학적, 법학적 논의를 중심으로」, 『중앙법학』 10:2, 445, 2008.

최정호, 「개 식용 산업에 대한 헌법적 쟁점과 과제」, 『환경법과 정책』 30, 55-89, 2022.

최희수, 「헌법 안에서의 동물의 위치와 국가의 의무」, 『환경법과 정책』 19, 21, 2017.

포어, 조너선 사프란, 『동물을 먹는다는 것에 대하여』, 송은주 옮김, 서울: 민음사, 2011.

물건이 아니다

동물과 사람이 다르다는 당신에게

© 박주연

1판 1쇄 2023년 4월 28일
1판 3쇄 2023년 12월 8일

지은이 박주연
펴낸이 강성민
편집장 이은혜
책임편집 박지호
마케팅 정민호 박치우 한민아 이민경 박진희 정경주 정유선 김수인
브랜딩 함유지 함근아 박민재 김희숙 고보미 정승민 배진성
제작 강신은 김동욱 이순호

펴낸곳 (주)글항아리 | **출판등록** 2009년 1월 19일 제406-2009-000002호

주소 10881 경기도 파주시 심학산로 10 3층
전자우편 bookpot@hanmail.net
전화번호 031) 955-8869(마케팅) 031) 941-5157(편집부)
팩스 031) 941-5163

ISBN 979-11-6909-106-0 03330

www.geulhangari.com